CEPII

L'économie mondiale 2018

La Découverte
9 *bis*, rue Abel-Hovelacque
75013 Paris

Les publications du CEPII

Une expertise sur l'économie internationale

— *La Lettre du CEPII* : des analyses sur les enjeux clés de l'économie internationale

— Les *Policy Briefs* : des contributions aux débats de politique économique

— Le *Blog du CEPII* : l'actualité déchiffrée par les économistes

— Le *Panorama du CEPII* : des fiches statistiques et des éclairages thématiques

— *L'Économie mondiale* : l'ouvrage annuel pour comprendre les grandes tendances

— *L'Économie internationale en campagne* : les questions-réponses des économistes du CEPII au service du débat public

Une production scientifique

— *Documents de travail* : des contributions à la recherche académique

— *International Economics* : la revue académique publiée par le CEPII

Retrouvez l'ensemble des publications sur le site Internet du CEPII : www.cepii.fr

Le Centre d'études prospectives et d'informations internationales (CEPII) est le principal centre français de recherche et d'expertise en économie internationale. Les analyses et études du Centre contribuent au débat public et à la formulation des politiques économiques.

L'Économie mondiale 2018 est publié sous la responsabilité de la direction du CEPII. Les opinions exprimées sont celles des auteurs.

Centre d'études prospectives et d'informations internationales (France).

L'Économie mondiale 2018/CEPII : éd. sous la dir. d'Isabelle Bensidoun et de Jézabel Couppey-Soubeyran, La Découverte, « Repères », Paris, 2017, n° 696 (économie).

Réalisation PAO : Sophie de Salée.

ISBN : 978-2-7071-9702-3

Introduction

Isabelle Bensidoun, Jézabel Couppey-Soubeyran, Grégoire Elkouby[*]

Dix ans après les premiers signes de ce qui allait plonger l'économie mondiale dans la pire crise depuis la Grande Dépression, plusieurs clignotants sont passés au vert. L'activité reprend de la vigueur dans les économies avancées comme dans les pays émergents, le taux de chômage diminue et le risque de déflation semble écarté. Embellie passagère, sortie de crise ou veille d'une nouvelle crise ? C'est autour de cette question que le chapitre I de Sébastien Jean s'articule. Car si les changements de perspectives de l'économie mondiale sont manifestes, les déséquilibres restent flagrants dans la sphère financière : l'endettement ne s'est nullement résorbé depuis 2007, ce qui rend les économies très sensibles au relèvement des taux d'intérêt qui a commencé de s'opérer aux États-Unis. Les évolutions de la sphère monétaire et financière seront donc déterminantes pour l'économie mondiale.

Il en va ainsi dans le capitalisme actuel. Comme le souligne Michel Aglietta dans le chapitre II, le cycle financier dirige l'économie dans le capitalisme financiarisé qui, au tournant des années 1980, a supplanté le capitalisme contractuel, fondé sur la négociation collective, des transferts sociaux diversifiés et

* Isabelle Bensidoun, économiste au CEPII, Jézabel Couppey-Soubeyran, maître de conférences à l'université Paris 1 Panthéon-Sorbonne et conseillère éditoriale au CEPII, ont assuré la conception et la coordination de cet ouvrage, avec l'aide de Grégoire Elkouby, stagiaire au CEPII.

une régulation financière très stricte. Ce capitalisme financiarisé sera-t-il à son tour défait ? Adviendra-t-il un nouveau régime de croissance, plus solidaire, centré sur les biens collectifs indispensables à la transition écologique ? Pas sûr et pourtant indispensable.

C'est que les excès du capitalisme financiarisé, celui-là même au cœur duquel opèrent les paradis fiscaux, sont encore manifestes. Pour les contribuables ayant supporté les coûts de l'effondrement financier, ces paradis sont loin d'être artificiels. L'analyse d'Anne-Laure Delatte dans le chapitre III nous rappelle qu'ils sont un rouage essentiel de l'évasion fiscale et qu'ils renforcent l'opacité financière. Si des avancées indéniables ont été enregistrées dans la lutte contre les paradis fiscaux, la correction des débordements du secteur financier, qui ne se limitent pas aux paradis fiscaux, reste timide. Notamment au regard de celle du commerce, car, comme l'explique Sébastien Jean dans le chapitre IV, le ralentissement des échanges ne sonne pas le glas de la mondialisation, mais indique un retour à la « normale » du commerce mondial, qui croît désormais au même rythme que le revenu. La démondialisation n'aura donc pas lieu, d'autant que, en dépit de leurs antagonismes, les grandes puissances sont liées par un destin largement commun. Il faudra donc à l'avenir frayer entre l'illusion de la démondialisation et la désillusion d'une mondialisation harmonieuse que la défiance exprimée à travers l'élection de Donald Trump, la montée des nationalismes en Europe ou le vote du Brexit ont durement rappelée.

Si les modalités du Brexit sont encore floues, la catastrophe annoncée pour l'économie britannique ne s'est pas concrétisée. Il s'ensuivra malgré tout des coûts, pour le commerce comme pour le revenu des Britanniques et des Européens, que Vincent Vicard estime, dans le chapitre V, plus élevés pour le Royaume-Uni que pour l'Union européenne. Il n'en demeure pas moins que le Brexit interroge quant aux gains mal partagés de la mondialisation. Si celle-ci a été bénéfique pour certains, elle s'est aussi révélée appauvrissante pour d'autres, car profondément (de)structurante sur le marché du travail. Les effets de la mondialisation combinés à ceux du progrès technologique ont en effet conduit à une polarisation de l'emploi, avec la disparition des emplois à revenus intermédiaires, qu'Ariell Reshef et Farid Toubal examinent dans le chapitre VI. Cette polarisation reflète le fossé entre les gagnants et les perdants des mutations commerciales et technologiques, qui ne se réduira pas sans des politiques publiques plus actives de formation et de redistribution.

Le contexte géopolitique, marqué par la volonté de repli du président américain, l'ambition du président russe de peser sur la scène internationale et celle du président chinois de rétablir l'empire du Milieu, sera également déterminant pour le devenir de l'économie mondiale. En Russie, cette ambition géopolitique a d'ailleurs primé sur les réformes économiques, comme l'analyse Sébastien Barbé dans le chapitre VII. Le chemin des réformes est étroit et ne mènera à une refonte du capitalisme russe que si la volonté politique et la pression populaire forcent à le parcourir.

Les compléments statistiques présentés en fin d'ouvrage ont été rassemblés par Alix de Saint Vaulry.

I/ Vue d'ensemble : le printemps… ou une hirondelle ?

*Sébastien Jean**

Depuis plusieurs années, la croissance mondiale nous avait habitués aux prévisions maussades et aux avis de passages nuageux. C'est pourtant sous des auspices favorables qu'elle se présente au début de l'été 2017, amenant même nombre d'observateurs à porter un regard franchement optimiste sur ses perspectives. Alors que l'année 2016 avait marqué un point bas de la croissance mondiale depuis la crise, à 3,1 %, l'activité reprend de la vigueur en 2017, avec une croissance prévue de 3,5 % d'après le FMI, qui entrevoit même une légère accélération pour 2018 à 3,6 %. En outre, pour la première fois depuis 2010, la croissance accélère, à la fois dans les économies avancées et dans les économies émergentes (graphique 1). Le ralentissement annoncé en Chine reste sous contrôle, moins prononcé que beaucoup ne le prévoyaient, la croissance aux États-Unis rebondit alors même qu'on avait pu craindre qu'elle ne flanche, le redressement tant attendu se manifeste enfin dans plusieurs zones en crise (Russie, Brésil) ou en faible croissance (zone euro). Le taux de chômage moyen dans les économies avancées, qui avait atteint 8,3 % en 2010, est presque ramené à 6 %, son plus bas niveau depuis cette date, et relativement bas aussi dans une perspective de longue période [BRI, 2017]. Résultat, les signaux

* Sébastien Jean est directeur du CEPII.

conjoncturels positifs s'accumulent et se renforcent. Le bleu est mis.

Paradoxalement, cette relative embellie arrive au terme d'une année chargée de symboles négatifs pour l'économie mondiale, le vote du Brexit comme l'élection de Donald Trump à la présidence américaine ayant été souvent présentés comme potentiellement catastrophiques pour la croissance. Même s'il faut se garder d'en tirer des conclusions sur leurs effets à terme, il faut bien constater que les impacts immédiats n'ont pas été significativement négatifs et qu'ils ont même, dans le cas américain, amélioré les anticipations des marchés sur la croissance et l'inflation. Le changement est notable, après des années passées à souligner aussi bien l'atonie de la demande, de l'investissement et le risque de déflation que les crises sévères de certains pays en regard des reprises molles des mieux lotis.

Dans un tel contexte, il est tentant de voir dans cette amélioration les prémices d'un redressement structurel de la croissance mondiale. Faut-il donc considérer que l'économie

Graphique 1. **Croissance du PIB réel**
(en %)

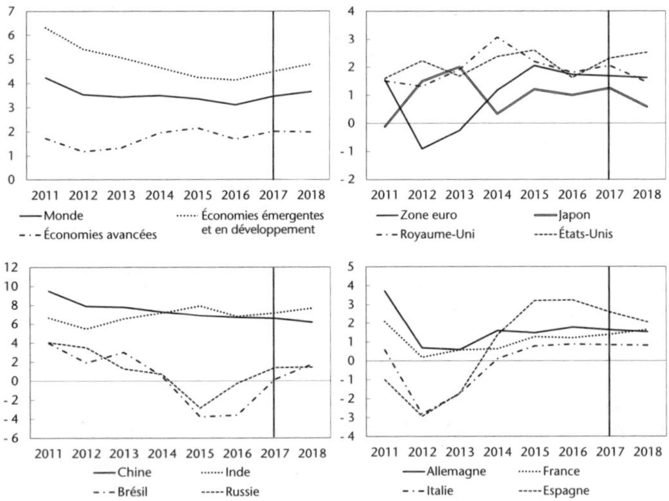

Note : estimations pour 2016, prévisions pour 2017 et 2018.

Source : FMI [2017].

mondiale, voyant enfin s'éloigner l'orage de la crise, peut espérer des jours plus cléments ? Dix ans après l'éclatement de la crise financière mondiale, il semble en tout cas légitime de se demander si le relatif dynamisme de la conjoncture ne marquerait pas une étape dans le régime de croissance de l'économie mondiale, si l'on entend par là les forces structurantes et les tendances dominantes sur les marchés mondiaux. Les changements de perspectives sont manifestes en matière de politique monétaire, d'inflation et de taux d'intérêt. Il reste que les incertitudes et les fragilités demeurent, tant les déséquilibres restent flagrants et parfois croissants, notamment dans la sphère financière. Les bonnes surprises du printemps 2017 sont-elles l'annonce d'un renversement de tendance, l'apurement de l'ardoise de la crise permettant de revenir à des fondamentaux plus sains pour la croissance mondiale ? Ou ne sont-elles qu'une heureuse coïncidence, dont on ne saurait espérer qu'elle se prolonge durablement ? Le printemps… ou une hirondelle ?

L'éclaircie de la croissance mondiale tire vers le haut les prix des matières premières et les échanges

Cette éclaircie est remarquable dans la mesure où la demande, dont l'atonie presque généralisée avait marqué les dernières années, retrouve une certaine vigueur. De ce fait, les prix des matières premières se sont assez nettement redressés, l'indice des prix des produits de base du FMI progressant de 15 % entre août 2016 et février 2017. Depuis leur point bas du début 2016, les cours des minéraux, minerais et métaux ont repris presque 40 % en moyenne (graphique 2). Pour le pétrole brut, la remontée, de plus de 50 %, a été plus spectaculaire encore, mais elle est également plus fragile, comme l'a montré la rechute des cours observée à la fin du printemps 2017 (alors que les dernières données du graphique 2 correspondent au mois d'avril 2017, les cours ont chuté de plus d'une dizaine de pourcents, retombant au-dessous de 45 dollars le baril, dans les deux mois qui ont suivi). L'explication est à chercher du côté de l'offre, devenue beaucoup plus fragmentée depuis la montée en puissance des producteurs hors OPEP (Organisation des pays exportateurs de pétrole), au premier rang desquels figurent la Russie et les États-Unis, premier producteur mondial de pétrole (toutes variétés confondues) depuis 2014. Ne totalisant plus guère que 40 % de la production

Graphique 2. **Indices de prix des matières premières**
(2000 = 100)

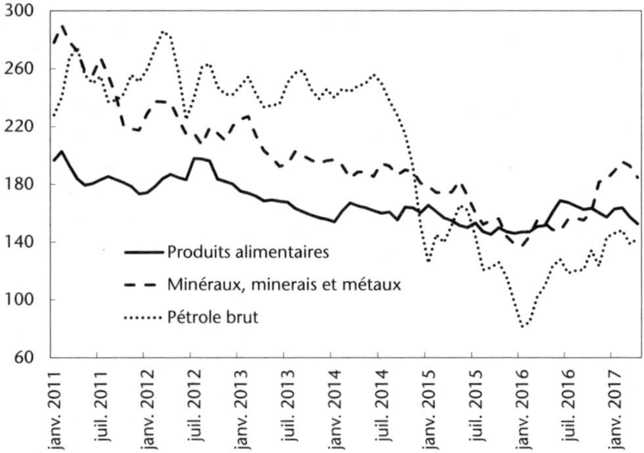

Note : indices de prix mesurés relativement à la valeur unitaire des exportations de produits manufacturés des économies développées.

Source : CNUCED.

mondiale, l'OPEP a décidément perdu sa capacité de cartellisation de l'offre, qui lui avait longtemps permis d'exercer un certain contrôle, certes très imparfait, sur les prix. Fin novembre 2016, pourtant, les pays producteurs semblaient reprendre la main, un accord de limitation étant signé non seulement par les pays membres de l'Organisation, mais également par un certain nombre de pays non membres, dont la Russie. L'efficacité de cet accord aura cependant été de courte durée (quelques mois), plombée par les conflits plus ou moins ouverts entre pays producteurs, par le nombre de producteurs traversant une crise telle qu'ils ne veulent et souvent ne peuvent pas limiter leur production (Venezuela, Algérie, Angola), et enfin par la production de pétrole de schiste aux États-Unis, abondante et réactive aux prix. Pour couronner le tout, les dérèglements climatiques ont changé la perspective de long terme. Longtemps, conserver ses réserves dans le sous-sol (comme le faisait l'Arabie Saoudite lorsqu'elle acceptait de limiter fortement sa production) a semblé une stratégie patrimoniale et géopolitique potentiellement gagnante, la rareté à venir de l'or noir annonçant une escalade de sa valeur économique aussi bien que stratégique. Aujourd'hui, il devient de plus en plus clair qu'il serait catastrophique pour le climat d'épuiser l'intégralité des réserves de pétrole disponibles. Dès lors, ceux qui limitent leur production risquent de voir leurs réserves devenir inutiles à terme, ou à tout le moins fortement dépréciées. Le contexte est très différent pour les produits alimentaires, mais c'est également le dynamisme de l'offre qui explique la relative modération de leurs prix, qui ont assez peu varié en moyenne depuis fin 2013.

La reprise de l'activité a également redonné une certaine vigueur aux échanges mondiaux de marchandises, après une phase de « pause » qui avait suscité beaucoup de perplexité : entre janvier 2015 et octobre 2016, soit pendant près de deux ans, le volume du commerce mondial a fluctué autour d'un niveau constant (graphique 3). La soudaine augmentation enregistrée en novembre 2016 a semblé donner le signal d'une remise en mouvement. De fait, l'amélioration de la conjoncture industrielle en Asie, notamment, a relancé les échanges. Avec le recul, la pause précédente apparaît dès lors comme un creux conjoncturel, et l'évolution du volume du commerce mondial,

Graphique 3. **Indice mensuel du volume des échanges mondiaux de marchandises**
(2010 = 100)

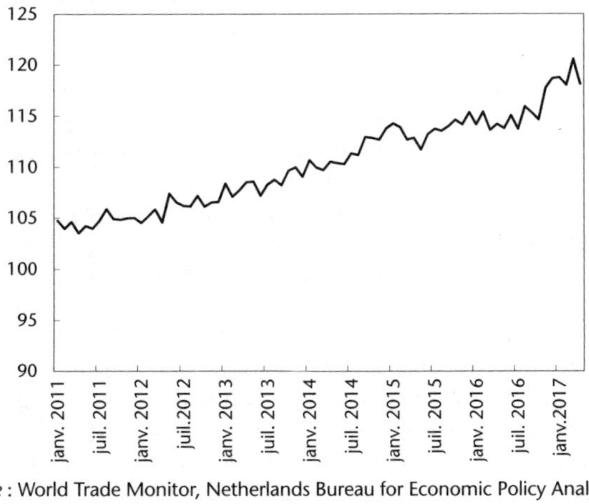

Source : World Trade Monitor, Netherlands Bureau for Economic Policy Analysis (CPB).

depuis fin 2011, semble tout à fait en ligne avec celle du revenu. Le taux de croissance du commerce n'est certes plus le double de celui du PIB, comme il l'a été en moyenne pendant les quinze années qui ont précédé la crise, mais il lui est à peu près égal. Une situation somme toute « normale », comme le discute le chapitre IV.

Les économies avancées font plutôt mieux que prévu

Dans les pays riches, les conjonctures sont clairement décalées depuis plusieurs années, la reprise américaine correspondant à la crise de la zone euro au début de la décennie, tandis que la trajectoire du Japon était influencée par le tremblement de terre de 2011, puis la mise en place des « Abenomics ». En 2017, en revanche, la conjoncture s'est améliorée dans la plupart de ces économies.

Aux États-Unis, un rebond inattendu, mais un avenir incertain

Aux États-Unis, le début 2016 avait été marqué par un ralentissement de l'activité, dans un contexte de faiblesse du prix du pétrole et de dollar fort. Cette conjoncture pouvait apparaître comme annonçant le retournement du cycle, qui durait déjà depuis presque sept ans. Il n'en fut rien et l'accélération du second semestre a, au contraire, porté la croissance à 1,6 % en 2016, avec une accélération prévue par le FMI pour 2017 (2,3 %) et 2018 (2,5 %). Ce rebond marque un regain d'optimisme sur les perspectives de l'économie américaine, comme en témoigne la reconstitution des stocks au second semestre 2016 et la reprise de l'investissement, dont le département du Commerce estimait fin mai qu'il avait augmenté de 11,4 % sur un an, tous secteurs confondus. Alors que l'élection de Donald Trump avait été présentée comme porteuse de menaces pour ces perspectives, elle a au contraire renforcé l'optimisme des marchés dans un premier temps, augmentant sensiblement les anticipations d'inflation et les cours de Bourse. S'il n'a pas duré plus de six mois, cet effet a contribué à tourner la page d'une période de déflation latente.

Les perspectives de l'économie américaine restent cependant empreintes d'une grande incertitude. Le cycle de croissance actuel est déjà l'un des plus longs de l'histoire moderne des États-Unis, tout en étant marqué par le niveau modeste de la croissance moyenne. À 4,4 % en mai 2017, le taux de chômage a atteint son plus bas niveau depuis une décennie, passant au-dessous de la plupart des estimations du niveau de chômage structurel. Ces différents indicateurs laissent penser qu'il sera difficile de maintenir longtemps le taux de croissance récent, d'autant que la Réserve fédérale américaine a relevé son taux d'intérêt directeur en décembre 2016, en mars et en juin 2017, et qu'un relèvement supplémentaire des taux d'ici la fin 2017 ou le début 2018 est jugé probable par la plupart des acteurs de marché. Dans le même temps, pourtant, le président Trump s'est fixé comme objectif d'accélérer la croissance, en s'appuyant notamment sur un vaste plan de relance de l'investissement, faisant largement appel à l'initiative privée au travers d'incitations fiscales, et sur des baisses d'impôts massives pour les entreprises comme les ménages. La mise en application de ces annonces reste elle-même empreinte d'incertitude, leurs contours restant mal définis et leur vote par le Congrès incertain. Il reste cependant probable qu'une partie au moins de ce programme sera appliquée. La hausse des anticipations d'inflation consécutive à l'élection de Donald Trump s'étant résorbée au printemps 2017, tandis que l'inflation observée ralentissait pour repasser sous la barre des 2 %, l'hypothèse optimiste est que ces mesures accompagneront voire dynamiseront le prolongement du cycle de croissance américain. Dans un contexte où la réponse de l'offre risque d'être limitée pour les raisons qui viennent d'être mentionnées, le danger est que ces mesures de stimulation fassent surtout monter l'inflation, alimentant alors la hausse des taux d'intérêt et, partant, celle du dollar. Le retournement pourrait dans ce cas être brutal.

L'Europe résiste et la reprise se solidifie en zone euro

Confrontée depuis plusieurs années à une série de crises économiques et politiques, l'UE n'y a pas apporté de réponses durables, mais seulement des solutions provisoires, qui permettent d'apaiser les tensions les plus vives et de retrouver quelques marges de manœuvre politiques pour la suite. Les élections autrichiennes, néerlandaises, puis françaises ont toutefois semblé marquer un coup d'arrêt à la vague populiste qui menaçait le continent. L'accueil des réfugiés reste une source de désaccords profonds entre les États membres, mais l'accord signé avec la Turquie en mars 2016 a permis de contenir leur nombre et d'apaiser quelque peu les dissensions, au moins provisoirement. L'accord trouvé entre la Grèce et ses créanciers en juin 2017 ne résout pas les questions de fond sur la restructuration de la dette publique (qui se montait à 179 % du PIB en juin 2017) et la création d'un cadre favorable au rétablissement durable, mais le déblocage d'une nouvelle tranche d'aide permet au pays de faire face à ses échéances dans un cadre qui satisfait ses partenaires et permet de préserver la participation du FMI. La forme que prendra la relation du Royaume-Uni avec l'Union européenne après le Brexit reste une inconnue, mais les 27 autres États membres ont affiché une certaine unité pour aborder la négociation, commencée en juin 2017 (voir chapitre v). Les déséquilibres en zone euro restent flagrants, à commencer par l'excédent courant allemand de 8,6 % du PIB, mais le relatif dynamisme des exportations extra-européennes, soutenues par le niveau relativement faible de l'euro, a permis d'éviter que des déficits importants n'apparaissent dans d'autres États membres. Les fragilités du secteur bancaire restent une source d'inquiétude, en particulier en Italie, où le montant des prêts non performants est très élevé, mais les situations les plus aiguës ont pu être gérées par des recapitalisations et des consolidations qui, si elles n'ont pas toujours été conformes aux règles de la zone euro, ont pour le moment évité la contagion financière et la crise politique. Plus généralement, chacun, ou presque, s'accorde à considérer que la gouvernance de la zone euro doit être réformée pour renforcer la croissance économique, la solidité financière et la légitimité politique. Les gouvernements des principaux États membres affichent leur volonté d'aller de l'avant, mais le défi est immense et pressant.

Cette situation reste porteuse de lourdes incertitudes susceptibles de peser sur les anticipations des acteurs économiques. Pourtant, le ciel européen s'est plutôt dégagé, la croissance s'établissant à 2 % pour l'ensemble de l'UE en 2016, un niveau relativement soutenu au regard des années récentes. En zone euro, la croissance, qui avait entamé son redressement en 2014 et atteint 2 % en 2015, est restée relativement stable en 2016, à 1,7 %. Pour reprendre les termes de Mario Draghi, président de la Banque centrale européenne (BCE), la reprise se « solidifie », dans la mesure où la tendance relativement favorable se confirme et où ses effets sur le chômage commencent à se faire sentir significativement : à 9,3 % en avril 2017, il était en baisse de près d'un point de pourcentage sur douze mois, et de presque trois points par rapport à son sommet du début 2013. Surtout, depuis octobre 2016, les enquêtes de conjoncture progressent sans discontinuer, se situant à leur plus haut niveau depuis avril 2011, ce qui se traduit par le redressement de l'investissement, en augmentation de 6 % sur un an au printemps 2017. L'inflation a également légèrement accéléré, atteignant même la barre des 2 % en février 2017, mais la hausse du prix de l'énergie expliquait en large part cette tendance. L'inflation sous-jacente, qui exclut les prix les plus volatils tels que ceux des matières premières, de l'énergie ou de l'alimentation, est quant à elle restée relativement stable, à un rythme annuel le plus souvent légèrement inférieur à 1 %, loin de l'objectif de la BCE d'un niveau « proche, mais en dessous de 2 % ». Le moment n'est donc pas venu de mettre fin aux stimulations de politique monétaire mises en œuvre par la BCE, notamment au travers de son programme de rachat d'actifs, mais la question d'initier des annonces, voire des mouvements dans ce sens, revient dans l'horizon des possibles.

Au Royaume-Uni, le second semestre 2016 a surpris par son dynamisme, notamment celui de la consommation. Le Brexit n'a pas déclenché la tempête sur les marchés financiers et immobiliers que certains avaient annoncée, même si la livre sterling a perdu 10 à 15 % de sa valeur par rapport à l'euro. Au total, la croissance n'a que légèrement ralenti en 2016, atteignant 1,8 %. Au premier semestre 2017, le retour d'une inflation importée pèse sur le pouvoir d'achat et donc la croissance, tandis que l'incertitude quant à l'avenir des relations commerciales du pays pèse sur l'investissement, laissant craindre une détérioration de la conjoncture.

Le Japon soutenu par la demande extérieure

Au Japon, le ralentissement de la consommation a tiré l'activité vers le bas, ramenant la croissance annuelle à 1 % en 2016, après 1,3 % en 2015. L'annonce d'un plan de relance, dont les modalités restent incertaines, a soutenu les anticipations, mais l'inflation reste obstinément faible, inférieure à 0,5 % hors alimentation et énergie, en dépit de la politique monétaire particulièrement accommodante de la banque centrale. Presque cinq ans après le lancement des « Abenomics », l'économie japonaise semble donc loin d'avoir résolu ses problèmes structurels, alors que la dette publique brute atteint 220 % du PIB et que le gouvernement a dû une fois de plus repousser la hausse de TVA initialement prévue pour le printemps 2017. Le ralentissement de la croissance est cependant resté limité et l'activité a été supérieure aux prévisions, notamment grâce au dynamisme des exportations, dans un contexte pourtant marqué par le renchérissement du yen.

Les économies émergentes tirent la croissance

Le ralentissement de la Chine reste maîtrisé

En Chine, le ralentissement brutal craint par beaucoup ne s'est pas produit. Même s'il est très légèrement inférieur à celui de l'année précédente, le taux de croissance de 6,7 % pour 2016 constitue une très bonne performance, dans une économie qui n'a plus les mêmes opportunités de rattrapage qu'il y a quelques années, et qui doit opérer une transition de grande ampleur, passant par le ralentissement de l'investissement et de la production manufacturière. Fait remarquable, la baisse des prix à la production, continue depuis 2012, s'est inversée à partir du printemps 2016. Cette performance doit beaucoup au soutien de la politique monétaire, qui a été assouplie à plusieurs reprises en 2016 et au début 2017 par une baisse du taux d'intérêt et une relance du crédit. La perspective du 19e Congrès du Parti communiste chinois en octobre 2017, une échéance politique clé pour le président Xi Jinping, a probablement incité le pouvoir à privilégier la croissance durant cette période.

Le revers de la médaille est la forte progression du crédit, dans une économie où la dette totale du secteur non financier est déjà très lourde au regard de son niveau de développement : plus de 260 % du PIB en 2017 contre 160 % en 2008. La structure de cette dette est cependant très différente de celle de la plupart des économies avancées, notamment de celle des États-Unis avant la crise de 2008, parce qu'elle est essentiellement issue des entreprises non financières (souvent publiques), tandis que l'État et les ménages sont relativement peu endettés. Si la capacité de certaines de ces entreprises à rembourser leurs dettes peut se révéler problématique, la plupart d'entre elles disposent toutefois d'actifs importants et, surtout, les moyens financiers de l'État chinois lui permettraient sans problème de leur venir en aide. Cette dette est, en outre, détenue presque en totalité par des résidents chinois, si bien que le risque d'arrêt soudain des financements étrangers (*sudden stop*) est inexistant. Au total, la valeur faciale élevée de cette dette ne signifie pas nécessairement qu'une crise est imminente [Aglietta, 2016].

L'évolution reste cependant inquiétante, notamment parce qu'une partie de l'augmentation du crédit s'est produite en dehors du secteur bancaire. Le *shadow banking* se serait ainsi accru de 20 % en 2016, portant son actif à 64 500 milliards de renminbis, soit environ 9 500 milliards de dollars, d'après le *Financial Times*. Les autorités chinoises ont affiché au printemps 2017 une volonté résolue de lutter contre ces excès par des restrictions réglementaires et une diminution des liquidités. La hausse des taux d'intérêt qui s'est ensuivie pourrait peser sur la croissance si elle se poursuivait.

Le resserrement des mesures de contrôle des capitaux, mis en œuvre notamment pour contenir les pressions à la baisse du renminbi, n'a pas empêché des sorties de capitaux souvent importantes depuis la mi-2014. L'internationalisation du renminbi en a pâti : son utilisation comme monnaie internationale a diminué en 2016, que ce soit comme support d'échange ou comme réserve de valeur [Natixis, 2017]. Une évolution paradoxale, alors que le renminbi a été intégré le 1er octobre 2016 dans le panier de monnaies des droits de tirage spéciaux du FMI. Une restriction également difficile à concilier avec l'augmentation extrêmement rapide des investissements directs chinois à l'étranger, qui constitue l'un des supports essentiels de la stratégie de croissance par l'innovation du gouvernement et de la projection à l'étranger de sa puissance économique.

Somme toute, la marge est étroite pour le gouvernement chinois entre la poursuite de sa cible de croissance et le maintien de la stabilité financière.

L'Inde reste en forte croissance, le Brésil et la Russie se relèvent

Vis-à-vis de l'Inde, qualifiée par le Premier ministre Narendra Modi de « nouveau moteur de l'économie mondiale », les attentes sont très élevées. De fait, même si le pays est resté en 2016 la grande économie qui connaît la croissance la plus rapide, à 6,8 %, l'activité y a été jugée décevante, marquant le pas par rapport à l'année précédente (7,9 %). L'annonce soudaine, le 8 novembre 2016, de la décision de démonétiser les plus grosses coupures, qui représentaient 86 % de la valeur de l'argent liquide en circulation, est la principale explication de ce ralentissement. Il est difficile à ce stade de juger de l'efficacité de la mesure pour lutter contre l'économie informelle, la fraude fiscale et le blanchiment d'argent. En revanche, la pénurie de liquidités a perturbé significativement l'activité économique dans les mois qui ont suivi et devrait également peser sur la croissance en 2017, même si les perspectives à moyen terme restent très favorables.

En matière d'évolution de la conjoncture, la Russie et le Brésil ont connu les embellies les plus spectaculaires. Non que le taux de croissance atteint y soit élevé, mais les deux pays sortent d'une crise profonde, qui les avait plongés dans une récession marquée. En Russie, la baisse du prix du gaz et les sanctions commerciales avaient durement touché l'économie, dont le PIB avait baissé de 2,8 % en 2015 (voir chapitre VII). La croissance restait négative en 2016 (– 0,2 %), mais l'activité se redressait, laissant attendre une augmentation du PIB en 2017. Au Brésil, une crise politique succède à l'autre, avec la mise en cause du président Temer dans une affaire de corruption après la destitution de Dilma Rousseff. La récession a perduré en 2016 (– 3,6 %, après – 3,8 %), mais elle s'est progressivement ralentie, et la maîtrise de l'inflation permet d'envisager le retour à une politique monétaire plus accommodante, laissant espérer le retour à une croissance positive en 2017.

L'économie mondiale reste toutefois très endettée

Bien que la conjoncture observée au début de l'été 2017 n'ait rien de remarquable en elle-même, elle tranche avec les années précédentes, marquées depuis la crise par l'atonie persistante de la demande et de l'investissement, le risque de déflation, la faiblesse des gains de productivité, alors que des politiques monétaires non conventionnelles ont été mises en œuvre par quasiment toutes les banques centrales des grands pays avancés pour ranimer la croissance. C'est dans ce contexte que le terme de stagnation séculaire a fait florès, désignant l'hypothèse d'une persistance de cette situation de faible croissance, où la médiocrité des anticipations alimente la faiblesse de l'investissement, qui elle-même limite la progression de la productivité et de la demande, validant l'hypothèse initiale.

La reprise de l'investissement aux États-Unis ainsi qu'en Europe contraste avec cette toile de fond, en marquant une amélioration des anticipations de la demande, confirmée par la progression des indices de confiance dans l'industrie. Si elle fait long feu, elle restera anecdotique. Si elle durait, cependant, elle marquerait une rupture importante, dont on pourrait espérer des effets cumulatifs passant par la reprise de gains de productivité plus substantiels : dans les économies avancées, les gains annuels de productivité globale des facteurs n'ont été que de 0,3 % en moyenne entre 2011 et 2016, d'après les estimations du FMI, contre 1 % en moyenne entre 2000 et 2007. Une nette baisse a également été constatée dans les pays émergents et en développement, les gains annuels de productivité passant de 2,8 % à 1,3 % sur les mêmes périodes.

Second élément de contraste par rapport aux années précédentes, l'inflation a nettement rebondi dans les économies avancées (graphique 4), passant même au-dessus de 2 % aux États-Unis et au Royaume-Uni. L'énergie est pour beaucoup dans ce mouvement, si bien que le constat est beaucoup moins net en termes d'inflation sous-jacente. Il reste que la menace de déflation, très préoccupante deux ans auparavant, apparaît beaucoup moins prégnante dans ce contexte. C'est clairement le cas au Royaume-Uni, où la dépréciation de la livre sterling a significativement renchéri les importations. Aux États-Unis, la Fed est maintenant bel et bien engagée dans un cycle de resserrement

Graphique 4. **Inflation et inflation sous-jacente**
(glissement annuel en %)

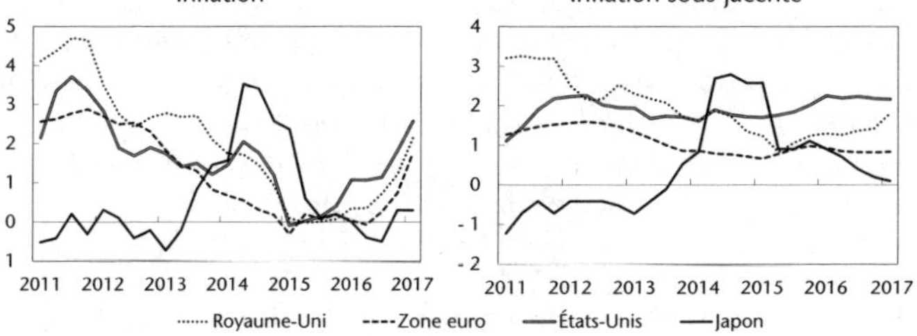

Note : l'indice d'inflation sous-jacente pour le Japon n'est pas corrigé ici de la variation de la TVA.

Sources : données nationales ; Datastream.

de sa politique monétaire, même s'il est très graduel. En zone euro, la BCE maintient sa politique de soutien vigoureux à l'activité, combinant un taux directeur à zéro (inchangé en juin 2017), un taux de facilité de dépôt négatif (– 0,40 % pour inciter les banques à s'échanger leurs liquidités sur le marché interbancaire) et un programme de rachats massifs d'obligations publiques et privées (60 milliards d'euros par mois). Le guidage des anticipations est également maintenu, au travers de l'annonce que ses taux resteront à leur niveau actuel pour une période prolongée. Néanmoins, la BCE annonce qu'elle n'envisage plus de baisse supplémentaire de ses taux, si bien que la question désormais ouverte est de savoir quand elle donnera des indications qu'une sortie progressive des politiques actuelles est envisageable, avec tous les risques que comporte une telle phase, comme l'a bien illustré l'épisode du *taper tantrum* américain de mai 2013.

S'il est clairement trop tôt pour déclarer que la menace de déflation et de stagnation prolongée est écartée, tant ces évolutions sont contrastées et difficiles à déchiffrer, les risques sont désormais plus équilibrés et incluent une remontée de l'inflation et des taux d'intérêt. Cela est d'autant plus vrai que l'administration Trump annonce une politique macroéconomique marquée par une relance budgétaire forte et des baisses d'impôts massives. Nous l'avons souligné, l'impact de telles mesures est très incertain alors que le cycle de croissance américain semble s'approcher de son terme, mais elles pourraient se traduire par une remontée significative de l'inflation et des taux d'intérêt, combinée avec une hausse du dollar. De telles évolutions, si elles se matérialisaient, pourraient être très déstabilisantes pour une économie mondiale dont l'endettement ne s'est pas du tout résorbé depuis 2007. D'après la BRI [2017], le ratio dette sur PIB n'a cessé d'augmenter, en effet, depuis la crise financière, au déclenchement de laquelle il s'élevait à environ 180 %, pour atteindre près de 220 % en 2016. L'augmentation est commune aux économies avancées (le ratio y est passé de 230 % à 270 %) et émergentes (de 110 % à presque 180 %). Les évolutions des taux américains et du dollar ont dans ce contexte des répercussions majeures, parce que le dollar reste la monnaie de réserve internationale et la devise dans laquelle sont libellées une grande part des dettes dans les pays émergents, et parce que les marchés financiers américains restent les plus importants au monde, donnant le « la » des rendements. Le potentiel déstabilisateur de politiques macroéconomiques américaines mal calibrées ou mal contrôlées serait donc immense. D'autant que l'agressivité de la nouvelle administration sur les questions commerciales est porteuse de menaces de conflits commerciaux, qui pourraient venir perturber l'activité économique tout en relançant l'inflation dans les pays les plus exposés. Si l'hirondelle des bonnes surprises conjoncturelles concomitantes laisse espérer le retour du printemps, l'économie mondiale voit également s'accumuler des nuages orageux.

Repères bibliographiques

AGLIETTA M. [2016], « Les transformations de la finance chinoise », *La Lettre du CEPII*, n° 372, décembre.

FMI [2017], « Perspectives de l'économie mondiale. Un nouvel élan ? », *Rapport*, avril.

BRI [2017], *87th Annual Report*, juin.

NATIXIS [2017], « RMB Internationalization Monitor 2017: going backwards », *Annual publication*, mai.

II/ Capitalisme : les mutations d'un système de pouvoirs

*Michel Aglietta**

Le capitalisme est une force de transformation de la nature et des sociétés humaines. Sa puissance d'expansion, faire de l'argent avec l'argent, n'a pas de limites prédéfinies. L'inégalité est son essence car l'accumulation de l'argent est la source du pouvoir privé sur autrui et la recherche du pouvoir est insatiable. Cette logique d'expansion de l'argent pour lui-même repose sur l'institution du travail monnayé dans les espaces nationaux. Mais son organisation dominante, la finance, par sa logique d'expansion lui confère une dimension mondiale.

Les inégalités produites par le capitalisme s'étalent à la fois dans et entre les nations. À l'intérieur des nations, elles proviennent des rapports structurants qui le constituent. Elles ne peuvent être maîtrisées que par des contre-pouvoirs collectifs régulant les revenus et par des politiques actives de redistribution. Entre les nations, elles résultent du déploiement mondial de la finance. La logique d'accumulation du capital dirige l'activité économique dans tous les pays qui forment l'espace économique mondial. Elle le fait en exerçant des rapports asymétriques de pouvoir inhérents à la concentration de la finance. La prépondérance de la finance s'exerce selon une dynamique spécifique : le *cycle financier*. Ce processus, exacerbé dans les trois dernières décennies, a créé des

---

* Michel Aglietta est conseiller au CEPII et professeur émérite à l'université Paris-X Nanterre.

disparités de niveaux et de modes de vie grandissantes, mais aussi des crises financières récurrentes.

Les déséquilibres continuellement engendrés par l'accumulation du capital, se propageant dans l'interdépendance des nations, produisent une alternance de régimes de croissance, où les déséquilibres sont régulés, et d'époques de ruptures. Celles-ci débutent par des crises systémiques, qui ouvrent de nouvelles opportunités au développement du capitalisme et transforment les institutions, jusqu'à ce qu'un nouveau régime de croissance parvienne à s'installer.

Ce chapitre vise à mettre en évidence quelques repères théoriques et historiques qui illustrent la trajectoire du capitalisme depuis la seconde moitié du XXe siècle et les doutes sur les caractéristiques de son avenir au XXIe siècle. On évoquera d'abord le talon d'Achille de la logique d'accumulation du capital : sa vulnérabilité au sous-emploi involontaire persistant. Puis on montrera que les sociétés occidentales ont connu deux régimes de croissance, donc deux types de régulation de l'expansion du capital après la Seconde Guerre mondiale : le *capitalisme contractuel*, appelé fordisme, de 1950 à 1973 ; le *capitalisme financiarisé*, de 1981 à 2007. Chacun de ces régimes de croissance a éprouvé la crise de sa structure : le *dérapage inflationniste* (1973-1980) pour le capitalisme contractuel, le *dérapage de la dette* pour le capitalisme financiarisé (2008- ?). Enfin, on s'interrogera sur la prochaine mutation du capitalisme. La réaffirmation de la prépondérance du politique sur la finance, la transformation de la globalisation pour la production des biens communs planétaires pourraient bien, en effet, imprimer au XXIe siècle la marque d'un nouveau régime de croissance.

La structure de la relation « capital-travail » et ses implications macroéconomiques

Pour réaliser sa finalité, le capitalisme est une économie monétaire de production qui sécrète pouvoir et subordination dans son rapport structurant : la relation salariale. Celle-ci est inégale dans les conditions d'accès à la monnaie. Les capitalistes sont ceux qui ont accès à la monnaie pour financer l'acquisition des moyens de production en vue d'acquérir plus de monnaie. Ils s'endettent sur la richesse future anticipée. La monnaie est créée en contrepartie de l'émission de dettes pour acquérir les moyens de production, y compris l'usage des forces de travail. En aucun cas, cet engagement de capital ne dépend d'une épargne préalable.

En suivant Kalecki [2011], on peut dire que les capitalistes gagnent ce qu'ils dépensent. Les salariés sont ceux qui ont accès à la monnaie en louant leurs capacités de travail aux capitalistes qui ont émis les dettes. Ils dépensent ce qu'ils gagnent. Ce qu'on appelle le contrat de travail n'échange pas du travail, mais une capacité à travailler contre de l'argent. Les individus salariés sont libres de louer leurs capacités de travail à n'importe quel propriétaire d'entreprise. Mais ils sont subordonnés à des rapports hiérarchiques dans l'exécution du contrat. Il s'ensuit que le contrat de travail est fort différent d'un contrat d'échange marchand. Dans une économie d'échanges purs, où chacun disposerait de ses moyens de produire, les contrats entre vendeurs et acheteurs, producteurs et consommateurs seraient rigoureusement symétriques (tableau 1). Dans le capitalisme, le contrat de travail est asymétrique.

Tableau 1. **Contrat de travail et contrat d'échange**

Contrat de travail	Contrat d'échange
• Subordination dans l'exécution du contrat	• Autonomie dans l'exécution du contrat
• L'objet du contrat n'est pas le travail effectué, mais un nombre d'heures louées	• Le contrat spécifie les caractéristiques du produit (qualité) incorporées dans le prix
• La rémunération du travail est fondée sur le temps éventuellement modulé par une incitation (salaire d'efficience)	• Le revenu dépend de la vente du produit contre monnaie (paiement)
• Les innovations approfondissent la subordination pour réduire le coût du travail (gains de productivité et hausse d'intensité)	• Les innovations créent un dynamisme de demande que les producteurs captent par une hausse de leur taux de marge

John Maynard Keynes s'est démarqué des courants théoriques classique et néoclassique, parce qu'il a saisi les conséquences macroéconomiques de la spécificité du contrat salarial dans une économie monétaire de production, dont la caractéristique majeure est l'incertitude.

Le sous-emploi involontaire vient de ce qu'il n'existe aucun mécanisme d'ajustement d'une demande et d'une offre de travail à un prix d'équilibre de marché (salaire réel d'équilibre) qui serait le « prix du travail ». La demande des entreprises pour l'usage de capacités de travail à un niveau donné de salaire monétaire qui résulte d'un rapport inégal de pouvoirs dépend de l'anticipation de leurs ventes futures (demande effective) eu égard au taux de profit qu'elles espèrent pour l'accumulation de capital qu'elles recherchent. Or le capital s'accumule sous plusieurs formes. La liquidité (l'argent immédiatement disponible, *cash*) en est le pivot. La spéculation foncière, les transformations de la propriété (fusions et acquisitions dans le monde entier), les rachats d'actions et le cash accumulé dans les places *offshore* sont des composantes essentielles des choix de l'accumulation. Enfin, il y a l'investissement productif pour la création de valeur nouvelle qui induit une demande de nouvelles capacités de travail. C'est la finance, en déterminant la structure de rendement des actifs, qui oriente les stratégies des entreprises vers telle ou telle forme d'accumulation du capital. L'offre de capacités de travail n'influence pas directement la demande d'emploi des entreprises. Si les conditions d'incertitude sont telles que la structure des rendements et des risques des différents actifs est défavorable à l'investissement productif, un équilibre durable de sous-emploi peut s'installer. Il en est ainsi en France depuis plus de trente ans. Il est également possible que se développent des activités sous-traitantes de la spéculation immobilière ou provenant de la privatisation des services publics, entraînant un pseudo-plein-emploi par recrutement de compétences de travail très faibles à des salaires de misère, à la mode britannique ou germanique : contrats zéro heure, auto-entrepreneurs, contrats à durée d'une semaine, intérim, soit toutes formes de travail précaire sans insertion sociale.

Ces éléments théoriques vont nous permettre de mettre en évidence deux régimes successifs de croissance et leurs crises structurelles après la Seconde Guerre mondiale.

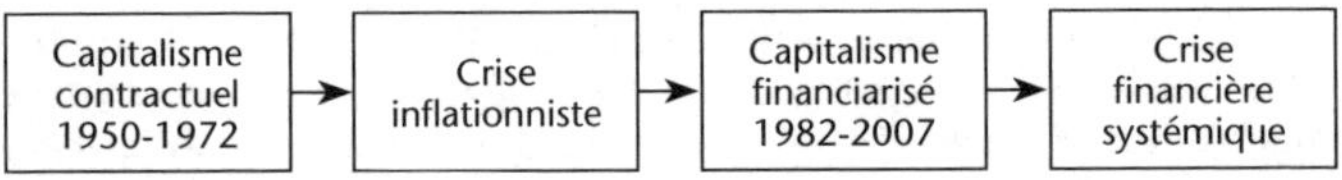

Le capitalisme contractuel fut un régime à croissance élevée et régulière (croissance de 5 % environ en France sur une vingtaine d'années). Il s'est affaibli dans la crise inflationniste pour faire place au capitalisme financiarisé à croissance beaucoup plus basse (2 à 2,5 %), suivi par une récession dans la crise financière, puis une faible croissance du PIB (environ 1,2 % sur 2010-2016).

Le capitalisme contractuel et sa crise inflationniste

Le capitalisme contractuel est ainsi appelé parce qu'il a surmonté le sous-emploi involontaire persistant qui prévalait dans l'entre-deux-guerres grâce à des institutions de médiation du rapport salarial, la négociation collective et les modèles de protection sociale, grâce aussi à la régulation stricte de la finance et à un système monétaire international, le système de Bretton Woods, qui autorisait une large autonomie des politiques monétaires nationales dans le cadre de taux de change fixes et ajustables. Différents types de modèles sociaux ont construit des variétés différentes de capitalisme contractuel en Europe occidentale sous l'égide d'un principe commun de progrès social.

La négociation collective fut une institution prépondérante pour réguler la progression des salaires en relation avec les progrès de la productivité du travail. Les contrats collectifs de moyen terme ont permis l'essor du mode de consommation de masse, qui a donné aux entreprises une prévisibilité pour anticiper leur demande effective et faire concorder l'accumulation de capital productif avec les aspirations des salariés.

Des transferts sociaux diversifiés ont amorti les fluctuations conjoncturelles et réduit les inégalités : le salaire minimum, la fiscalité progressive et l'assistance aux familles à revenus faibles. Trois types de modèles sociaux ont construit trois variantes de capitalisme contractuel : la social-démocratie scandinave, le libéralisme anglo-saxon, le corporatisme franco-allemand.

La régulation financière très stricte, la croissance régulière du crédit à bas coûts, l'expansion du commerce international et les contrôles des mouvements internationaux de capitaux ont permis de combiner le financement du logement social, l'investissement privé et le développement des infrastructures.

À partir de cette analyse des institutions médiatrices du capitalisme contractuel, on peut synthétiser le noyau macroéconomique du régime de croissance des sociétés salariales de cette époque (schéma 1).

La négociation collective et le modèle social qui lui est attaché (tableau 2), d'une part, le système de crédit fortement

Schéma 1. **Le régime de croissance du capitalisme contractuel**

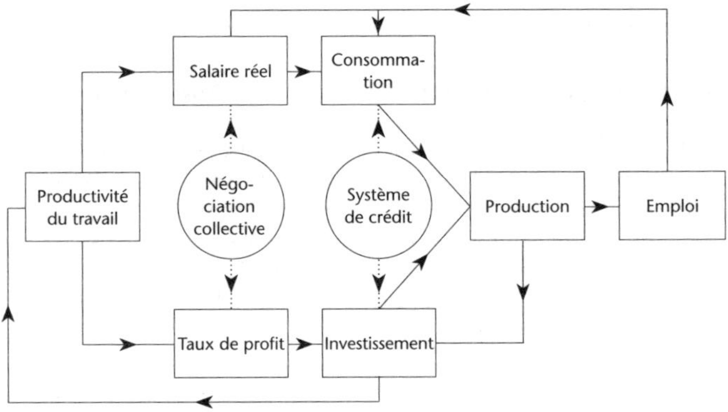

réglementé, d'autre part, étaient les institutions clés. Le maintien de taux d'intérêt bas d'un côté et l'indexation des salaires sur les progrès de productivité de l'autre stabilisaient la demande effective des entreprises et permettaient que l'accumulation du capital soit directement branchée sur le développement du mode de consommation. Cette régulation était capable d'éviter le sous-emploi involontaire persistant. L'État produisait les infrastructures publiques de l'aménagement du territoire, dirigeait l'urbanisation et planifiait l'énorme effort d'éducation

Tableau 2. **Variétés de sociétés salariales dans l'ère du capitalisme contractuel**

Social-démocratie scandinave	**Libéralisme anglo-saxon**	**Corporatisme franco-allemand**
– *Flexisécurité* : droits sociaux attachés aux individus, formation sur toute la vie, assurance chômage financée par budget public – *Conciliation famille/carrière professionnelle* : égalité hommes-femmes dans salaires et carrières, aide publique massive aux enfants préscolaires	– Policy-mix *contra-cyclique* pour empêcher le sous-emploi persistant – *Syndicats faibles* : salaires flexibles à la situation de l'emploi – *Interventions publiques en amont* : éducation supérieure et R&D, *co-management business* /État, aide financière aux PME	– *Protection sociale gérée par les partenaires sociaux* : contributions pesant sur les coûts salariaux – *Régulation de l'emploi* : puissance syndicale et importance du secteur public – *Protection sociale* ancrée sur la famille, fortes discriminations envers les femmes

qui, en France, a permis de passer en une génération d'une société à dominante rurale à une société industrielle moderne.

Deux phénomènes se sont produits à la fin des années 1960, dont l'origine se trouve aux États-Unis. Le premier a été le ralentissement des progrès de productivité dans l'industrie, fondés sur le taylorisme qui avait épuisé son potentiel d'innovations. Le climat social s'est détérioré dans les entreprises où les directions managériales cherchaient à intensifier le travail pour compenser la perte d'efficience. Cela a détérioré la négociation collective et engagé la spirale inflationniste entre les prix et les salaires.

Le second a été la destruction de l'ordre monétaire de Bretton Woods sous les coups de boutoir du financement inflationniste des dépenses publiques américaines attisées par la guerre du Vietnam. Le mode de régulation illustré sur le schéma 1 a été atteint sur ses deux piliers : la relation de travail et la monnaie.

Ces forces de rupture ont été amplifiées par l'émergence de nouvelles conditions de la concurrence internationale dans deux domaines. Le premier a été l'appropriation de la rente par les États propriétaires des matières premières, exacerbée dans les énergies fossiles. Les deux chocs pétroliers de 1973 et 1978 se sont greffés sur les pressions inflationnistes du conflit de répartition interne aux pays occidentaux pour provoquer une dérive inflationniste mondiale. Le second a été l'essor des entreprises multinationales américaines et les perturbations qu'il a provoquées dans la finance, les marchés du travail et les stratégies d'accumulation. L'irruption du capitalisme dans des pays où les conditions de vie étaient sans commune mesure avec celles de l'Occident a déstabilisé la relation salariale. Dans la seconde moitié des années 1970 et surtout dans les années 1980, cet élargissement de la force de travail mondiale a détérioré, puis fait complètement éclater la négociation collective des salaires dans les pays anglo-saxons. Avec l'individualisation du contrat salarial, le pouvoir s'est décisivement déplacé du côté des employeurs.

L'organisation des entreprises a pu être bouleversée pour tirer le meilleur parti de l'approfondissement de la division internationale du travail grâce à la révolution des technologies de l'information. L'information numérique et les externalités de réseaux ont recomposé l'organisation des entreprises : destruction des structures de management intermédiaire et intégration modulaire des unités au sein de groupes mondialisés. Les structures stables de salaires ont été démantelées par l'externalisation d'unités et la sous-traitance, et par l'élimination des hiérarchies salariales intermédiaires.

Mais les changements de structure dans les rapports entre le capital et le travail ne pouvaient trouver la cohérence d'un nouveau régime de croissance sans que la crise monétaire ouverte en 1971 par la disparition du système de Bretton Woods ait trouvé une solution. C'est pourquoi la crise inflationniste a fait rage toute la décennie 1970, avant son retournement par un coup de force monétaire en octobre 1980. La divergence inflationniste a été le condensé de toutes les contradictions libérées par la dégradation du capitalisme contractuel. La spirale prix-salaire s'est accélérée sous l'effet des surenchères dans les formules privées d'indexation. Car la perte de confiance dans l'annonce officielle de l'inflation future incitait les agents économiques à fixer leurs prix ou à revendiquer leurs salaires en pensant que les hausses récentes qu'ils constataient allaient s'accélérer. Les anticipations ne trouvaient plus aucun ancrage crédible, ni intérieur aux pays ni international, hormis dans le bloc germanique englobant le Benelux et la Suisse.

La perte de confiance atteignit la liquidité des dépôts bancaires. Elle déclencha la fuite massive des dépôts dans de nouveaux fonds d'investissement monétaire qui surfaient sur la spéculation, à la recherche de rendements à court terme capables de compenser la fonte des valeurs nominales. Ces fuites vers la finance de marché avaient elles-mêmes pour effet d'exacerber la recherche d'une liquidité qui ne soit pas fondante. Les pics des hausses pétrolières en 1973 et surtout en 1978 provoquèrent une capture de la rente par le cartel de l'OPEP, le gonflement des dettes internationales des pays importateurs de pétrole et la dépréciation accélérée du dollar, mesurée par l'emballement du prix de l'or, objet de spéculation par excellence.

Toute crise systémique a son moment critique de basculement. Ce fut le coup de force monétariste de Paul Volker, qui doubla le taux d'intérêt des fonds fédéraux pour provoquer un étranglement monétaire. Les conséquences en furent dramatiques : une terrible récession américaine propagée à l'Europe, accompagnée de la crise des dettes souveraines en dollars qui condamna toute l'Amérique latine à une décennie perdue. Mais surtout, le changement du régime de croissance put s'engager sur l'inversion radicale du prix relatif du capital/force de travail. La hausse du coût du capital força les entreprises à des restructurations drastiques, détruisant massivement les emplois, désinvestissant, externalisant les services et multipliant le recours à la sous-traitance. Le nouveau régime de croissance financiarisé était advenu.

Le capitalisme financiarisé et sa crise d'endettement

Le capitalisme financiarisé s'est placé sous l'égide de l'expansion continue des marchés financiers. Celle-ci a été intermédiée par les banques et par de nouveaux intermédiaires constituant le *shadow banking*. Le développement des marchés a transformé les modes d'évaluation et de circulation des risques. En décomposant et en formalisant les risques, il a créé des chaînes complexes de transferts dans les systèmes financiers. À la fois l'offre et la demande de fonds en ont été radicalement changées. Ce sont les moteurs de la globalisation financière.

Les entreprises ont cherché à abaisser le coût du capital dès les années 1980 et ont trouvé les moyens les moins chers de se financer grâce aux nouvelles techniques de transferts du risque de crédit. Les émissions directes d'obligations et les levées d'actions pour financer les fusions et acquisitions et les rachats par les entreprises de leurs propres actions ont diversifié leur gestion financière. Les banques ont émis elles-mêmes des obligations pour financer leurs crédits. Au levier d'endettement traditionnel, mesuré par l'augmentation de la part de l'endettement dans le total du bilan, s'est superposé le levier financier incorporé dans les produits dérivés, utilisés pour financer les acquisitions à terme et optionnelles d'actifs.

De leur côté, les États ont été contraints de substituer un financement de marché au financement monétaire de la banque centrale, désormais interdit par la doctrine monétariste. Avec l'anticipation d'une baisse prolongée des taux d'intérêt, un allongement des maturités en a résulté. La part des créanciers étrangers dans les dettes publiques nationales a fortement augmenté dans les pays dont les dettes étaient attractives.

Du côté des ménages, la dette agrégée s'est accrue systématiquement par rapport au revenu. Car les ménages aisés ont voulu élever leur ratio richesse/revenu en diversifiant leurs avoirs financiers sur les marchés. Ils ont abondamment acheté à crédit des actifs négociables (obligations, actions, propriétés foncières) à maturités longues. Les ménages, dont le pouvoir d'achat des revenus stagnait ou s'érodait, ont cherché eux à préserver leur mode de consommation en prenant le risque de l'endettement à la consommation à des taux prohibitifs.

La demande d'actifs a donc été généralisée. L'industrie financière y a répondu avidement par le développement des investisseurs institutionnels (fonds de pension, assurance vie, fonds d'investissement collectif, fonds souverains). Enfin, l'intermédiation de marché par les banques d'affaires et les intermédiaires dits de la finance de l'ombre (*shadow banking*), qui leur sont étroitement liés, a connecté les marchés en créant des instruments porteurs de nouveaux risques souvent opaques (mises en pension de titres, produits de titrisation, prêts sur titres, *exchange-traded funds*). Toutes ces transactions impliquent du collatéral, c'est-à-dire des garanties fournies par les actifs qui en sont l'objet.

L'interpénétration de la finance de marché et des stratégies d'entreprise : le principe de la valeur actionnariale

La valeur actionnariale (*shareholder value*) est un principe d'extraction de rente sur l'économie, mis en œuvre dans les entreprises en tant que norme de gouvernance. Cette norme joue dans le capitalisme financiarisé le rôle central que la négociation collective des salaires jouait dans le capitalisme contractuel. Elle postule que les entreprises sont tenues d'atteindre un rendement sur fonds propres (*Return On Equity*, ROE) en valeur de marché, supérieur au rendement d'équilibre du marché des actions. Ce rendement en excès est une rente que se partagent les actionnaires et une élite juridico-financière. C'est par nature un déséquilibre, puisqu'il est impossible que toutes les entreprises aient de manière permanente un rendement financier supérieur au rendement du marché. L'aiguillon de cette dynamique est un levier d'endettement croissant. La hausse du levier, c'est-à-dire du ratio dettes/fonds propres, élève le ROE pour un montant de profit net donné, pour autant que le rendement économique du capital soit supérieur au taux d'intérêt sur la dette.

Le levier déclenche donc une dynamique autoréalisatrice. Un levier croissant augmente le ROE, ce qui se reflète dans la hausse du prix des actions sur le marché boursier. La valeur plus élevée des entreprises sur le marché boursier est un collatéral qui donne une garantie pour réduire le coût des nouveaux emprunts et donc pour élever encore le levier et accroître le ROE, etc. Il s'agit d'une dynamique spéculative divergente, perçue comme un cercle vertueux... jusqu'à ce que le retournement des cours boursiers la transforme en cercle vicieux où l'endettement devient un risque de bilan majeur. La même logique s'applique aux marchés immobiliers.

Le modèle macroéconomique du capitalisme financiarisé est décrit sur le schéma 2 qui peut être utilement comparé au schéma 1 du capitalisme contractuel.

Schéma 2. **Le régime de croissance déséquilibré du capitalisme financiarisé**

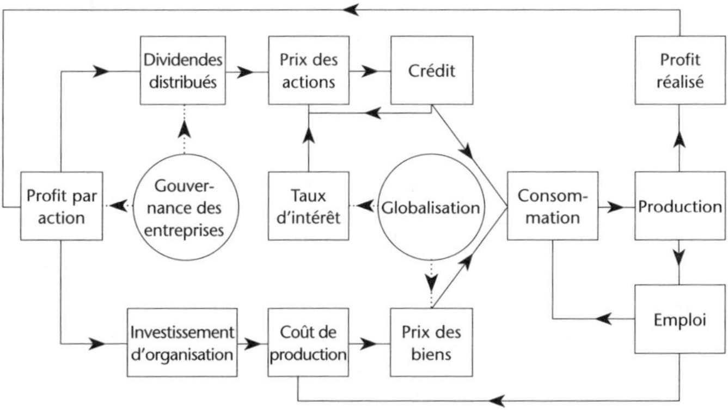

Les deux piliers du régime de croissance sont la gouvernance des entreprises selon le principe de la valeur actionnariale et la globalisation financière. Ils s'opposent du tout au tout aux piliers du schéma 1 : la négociation collective des revenus et la réglementation du système de crédit. Les entreprises cherchent à réduire au maximum la part salariale du revenu global. Il en est de même des attaques permanentes des élites financières et des économistes qui leur sont inféodés contre les coûts de la protection sociale.

C'est donc l'interaction du levier d'endettement et de l'appréciation des prix des actifs qui fait la croissance. Elle soutient la consommation par l'effet richesse et par l'endettement direct des classes moyennes et modestes pour la consommation. L'emploi n'est que l'effet induit de l'expansion des marchés d'actifs. Il s'ensuit que le mouvement de l'économie globale est entièrement asservi au cycle financier. Celui-ci décrit la dynamique interactive du levier d'endettement et de l'alternance des phases d'appréciation et de dépréciation des prix d'actifs.

Le cycle financier dirige ainsi l'économie en provoquant des phases de hausse du levier de dette et d'appréciation des actifs, suivies de phases de réduction du levier et de baisse des prix d'actifs. Le retournement est marqué par une crise financière qui éclate sur un marché d'actifs spécifique. Si cette crise est particulièrement grave, elle devient systémique par contagion et par connectivité dans le système financier. C'est alors le régime de croissance financiarisé dans son ensemble qui entre en crise et pose le problème de sa viabilité. Telle est la situation dans laquelle nous sommes depuis 2008.

Cycle financier et instabilité financière : la crise du capitalisme financiarisé

Les cycles financiers engendrent les crises parce que la dynamique de l'endettement croissant et de la hausse des prix d'actifs, qui est portée par la finalité de faire de l'argent avec l'argent, n'a pas de point d'équilibre prédéfini et connu qui engendrerait un comportement de retour vers la moyenne. Pour qu'il en soit ainsi, il faudrait qu'une valeur des actifs, dite fondamentale, existe objectivement en dehors des marchés financiers et soit connue de tous les acteurs financiers. Bref, il faudrait que l'incertitude n'existe pas, qu'il n'y ait que du risque probabilisable par tous les acteurs de la même manière. S'il en était ainsi, les participants du marché détecteraient immédiatement toute déviation par rapport à la valeur fondamentale, et l'élimineraient en en tirant profit : ils vendraient les titres à la hausse et achèteraient ceux à la baisse ; toute spéculation serait alors équilibrante. Or la logique de la finance, plongée dans l'incertitude de l'avenir que les contradictions de l'accumulation du capital engendrent, est tout autre. C'est le *momentum* qui fait grossir les bulles de valorisation, c'est-à-dire un processus d'amplification endogène des prix d'actifs et de l'endettement jusqu'à un point de retournement inconnu qui amorce un repli brutal.

Dans la phase ascendante du cycle financier, les emprunteurs qui veulent faire de l'argent ont intérêt à rester dans la bulle. En effet, s'il est de connaissance commune qu'une bulle finit toujours par éclater, d'une part la communauté financière demeure longtemps dans le déni qu'il y a bulle, d'autre part la date du krach est rigoureusement incertaine. Chacun présume donc qu'il sera assez habile pour sortir à temps et qu'à l'instant présent il y a encore de l'argent à gagner. De leur côté, les prêteurs, qui observent la hausse des valeurs collatérales qui garantissent leurs créances, sont soumis à l'illusion d'une solidité apparente, associée à une convention haussière sur les marchés d'actifs. Si le marché se retourne, ils présument que l'État viendra sauver le système financier. Dans ces conditions, la concurrence des prêteurs pour démarcher les emprunteurs potentiels pousse le crédit de plus en plus à la hausse.

C'est pourquoi, dans la phase d'essor, les anticipations optimistes entraînent la hausse des prix d'actifs qui déclenche l'euphorie. Elle est caractérisée par le processus d'interaction circulaire entre l'emballement du crédit et l'accélération de la hausse des prix des actifs. Elle déforme les bilans exprimés en valeur de marché en créant une sous-estimation des risques. L'essor conduit au paroxysme et au retournement, car les fragilités de bilan s'accumulent avec l'accroissement des leviers d'endettement. Le pic précipite le reflux et l'instauration du pessimisme.

Les deux forces qui entraînent l'économie et la finance dans la crise sont l'obsession de la liquidité chez les agents endettés et la montée brutale de l'aversion pour le risque des pourvoyeurs de liquidités. Si le stress atteint les banques, un étranglement de l'offre de crédit est probable, car la contagion est intense entre les intermédiaires financiers, d'autant plus que le réseau des relations de contreparties est dense et qu'un plus grand nombre d'intermédiaires, bancaires ou non, sont dans la même situation.

La restructuration des bilans s'impose après le retournement des prix d'actifs, puisque la valeur de marché des actifs s'effondre et que la valeur nominale des dettes perdure, créant des pertes au bilan. En effet, au retournement d'un marché soumis à une bulle de prix d'actifs, le ratio dettes/valeur de marché des actifs augmente fortement, parce que la valeur des actifs subit le krach, alors que celle des dettes n'a pas encore diminué. La phase de reflux du cycle financier est rythmée par le désendettement. Mais celui-ci est rendu difficile par la baisse rapide de la valeur des collatéraux, qui laisse des pertes plus ou moins grandes à la fois chez les emprunteurs et chez les prêteurs. Leur ampleur, la rapidité et la pertinence des réponses des autorités publiques déterminent la durée de la crise et de la récupération.

Les pertes sont d'autant plus difficiles à absorber que l'urgence des acteurs piégés par des bilans fragiles les conduit à couper leurs dépenses pour affecter le plus possible de leurs revenus au désendettement. Si de nombreux acteurs sont dans la même situation, la contraction de la dépense privée provoque le marasme économique qui rogne les revenus nécessaires pour couvrir les pertes du fait du désendettement. On se trouve dans une situation de désendettement contrarié, qui fait tomber les économies dans une situation durable de basse croissance, appelée stagnation séculaire.

La hausse contrainte du poids de l'endettement en pleine phase récessive est donc la caractéristique cruciale d'une déflation financière. La crise systémique est déclenchée par un échec de coordination, où l'effort des acteurs privés pour se désendetter détériore la situation de tous. La situation financière empire avec le poids de l'endettement relativement au revenu, du fait même de l'effet dépressif du désendettement contrarié. Ce phénomène a été une cause essentielle de la durée et de la profondeur de la Grande Dépression des années 1930. Il a joué un rôle majeur dans la longue crise systémique commencée en 2008.

Vers une mutation du régime de croissance

Le capitalisme engendre des trajectoires historiques, faites de régimes de croissance stable, séparées et reliées à la fois par des époques de désordres, de conflits, d'incertitude, voire de régression, mais aussi d'émergence de nouvelles formes sociales. Ces innovations peuvent être les vecteurs du renouveau, pour peu que les sociétés s'en emparent pour transformer les modes de vie. Dans ces phases de transition, les institutions financières ont joué et joueront dans le futur un rôle majeur.

L'angoisse qui a saisi les citoyens dans les épisodes électoraux récents aux États-Unis, au Royaume-Uni et en France témoigne du retour de l'incertitude radicale. La crise financière globale, qui date d'une décennie, a bien été le point de retournement du cycle financier, mais pas de n'importe quel cycle financier. Minées par les forces d'éclatement des sociétés, sous l'effet des inégalités de revenus et de patrimoines, et surtout de la détérioration des biens publics, les sociétés civiles inclinent vers une contestation du fondamentalisme du marché qui a dominé les modes de vie dans les trente dernières années et dont le credo est le suivant : la solution de tous les problèmes est dans le marché, la puissance publique est un obstacle.

La question cruciale qui se pose est la suivante : quel retour de la puissance publique ? La réponse que le mouvement des sociétés donnera n'est pas encore perceptible. Depuis la crise financière systémique, l'élite financière continue à déverser la même idéologie autojustificatrice qui la maintient au pouvoir. L'élection de Donald Trump aux États-Unis et la formation de son gouvernement en sont des illustrations caricaturales. En Europe, la social-démocratie, qui avait porté l'ambition de promouvoir le progrès social après la Seconde Guerre mondiale, a perdu son âme dans les connivences du politique et de la finance.

L'imbrication de la finance et de la technologie a créé les pouvoirs privés gigantesques des Google, Facebook, Amazon et autres, qui ont établi une endogamie profonde avec les institutions publiques de tous les États développés. On se retrouve avec les entreprises technologiques et celles du secteur de la santé dans la même situation qu'au tournant du XXe siècle, où la concentration extrême du capital dans l'énergie et l'industrie lourde avait provoqué aux États-Unis la promulgation des lois antitrust. La finance ne peut pas être réorientée vers le service de la société si le pouvoir concentré du capital technologique n'est pas brisé, comme l'avait été AT&T en son temps.

Certaines croyances ont certes dû reculer sous la pression des faits, comme celles en la neutralité de la monnaie ou en l'efficience de la finance. La gouvernance économique par la monnaie s'est imposée pour pallier dans l'urgence la paralysie du politique. Les banques centrales ont repris en main la régulation prudentielle dans la perspective de la stabilité financière qu'elles n'auraient jamais dû abandonner. Elles sont *de facto* redevenues des puissances publiques dans le domaine de la monnaie en prenant en charge la stabilité financière. Mais cette restauration demeure fragile, comme en témoigne le démantèlement par l'administration Trump des régulations établies après la crise financière.

Et surtout, cela ne suffit pas à établir le mode de régulation d'un nouveau régime de croissance. Derrière ce qui est appelé la stagnation séculaire s'exprime la tragédie des horizons. Pour la surmonter, il faut envisager des investissements de long terme dans de nouveaux biens, publics comme privés, pour mettre un nouveau régime de croissance sur les rails. Ces biens publics et privés sont complémentaires. Ils influencent les modes de consommation et élèvent en même temps la productivité dans l'ensemble de l'économie. Or produire des biens publics par le biais d'investissements de long terme, du local au global, requiert une préférence de temps qui dépasse les capacités de décision des démocraties représentatives actuelles, encastrées dans des cycles électoraux à court terme et minées par les compromis partisans. Inventer des formes d'organisation politique participatives est le grand enjeu du dépassement des procédures démocratiques héritées des Lumières.

Une nouvelle globalisation va se développer sur les transformations politiques, parce que le nouveau régime de croissance se construira sur les biens communs qui ont été dévastés par trois décennies de fondamentalisme du marché. La menace globale la plus inquiétante de ce siècle est le changement climatique. Il est clair que le climat est un bien commun qui concerne l'ensemble de l'humanité. Sa maîtrise implique une nouvelle globalisation libérée du fondamentalisme du marché.

Encore faut-il bien comprendre la nature du risque climatique à surmonter [Espagne, 2016 ; 2017]. Si la puissance des lobbies climato-sceptiques parvient à paralyser la volonté publique, un emballement climatique dévastateur peut se produire dans quelques décennies. Car le risque climatique n'est pas assurable, il ne peut qu'être évité par une attitude collective de catastrophisme éclairé. Pour construire un futur sur de nouveaux enjeux collectifs capables d'entraîner le secteur privé, une mutation de la démocratie s'impose, capable de prendre des décisions collectives à tous les niveaux d'organisation des sociétés et respectant le principe éthique du bien-être des générations futures.

Repères bibliographiques

AGLIETTA M. [1997], *Régulation et crises du capitalisme*, Odile Jacob, Paris.

AGLIETTA M. et REBÉRIOUX A. [2004], *Dérives du capitalisme financier*, Albin Michel, Paris.

BORIO C. [2014], « The financial cycle and macroeconomics : what have we learnt ? », *Journal of Banking and Finance*, vol. 45, août, p.182-198.

BOYER R. [2015], *Économie politique des capitalismes*, La Découverte, « Grands Repères », Paris.

Eggertsson G. et Krugman P. [2012], « Debt, deleveraging and the liquidity trap : a Fisher-Minsky-Koo approach », *Quarterly Journal of Economics*, 127, n° 3, p. 1469-1513.

Espagne É. [2016], « Après la COP21, comment climatiser la finance ? », dans CEPII, *L'Économie mondiale 2017*, La Découverte, « Repères », Paris.

— [2017], « Climatiser la finance pour financer le climat », *L'Économie internationale en campagne*, CEPII, billet du 31 janvier.

Kalecki M. [2011], *Theory of Economic Dynamics*, paperback.

Keynes J.-M. [1959], *Théorie générale de l'emploi, de l'intérêt et de la monnaie*, livre IV, Payot, Paris.

Minsky H. P. [1982], « The financial instability hypothesis, capitalist processes and the behavior of the economy », dans C. P. Kindleberger et J.-P. Laffargue (dirs), *Financial Crises, Theory, History and Policy*, Cambridge University Press, Cambridge.

III/ Les paradis fiscaux, des paradis pas du tout artificiels

*Anne-Laure Delatte**

Auparavant, les paradis fiscaux évoquaient les îles, le soleil, les Bahamas et des valises remplies d'argent liquide. Leur existence avait beau être moralement répréhensible, elle semblait anecdotique... Jusqu'à la crise de 2008.

Largement porté par les contribuables, le coût de l'effondrement financier a en effet engendré un sentiment d'injustice que résume bien la formule « privatisation des gains, socialisation des pertes ». L'ONG Tax Justice Network estimait qu'en 2010 la richesse privée cachée dans les paradis fiscaux s'élevait à 21 000 milliards de dollars, soit l'équivalent des PIB des États-Unis et du Japon réunis [Henry, 2012]. Alors que la crise financière avait fait augmenter les dépenses publiques puis les impôts dans de nombreux pays, l'existence même de zones échappant à la fiscalité est devenue encore plus intolérable.

Pour Chavagneux et Palan [2017], non seulement les paradis fiscaux permettent d'échapper à l'impôt, mais ils sont aussi utilisés pour contourner la réglementation bancaire et financière grâce à des montages sophistiqués qui permettent d'alléger les besoins en fonds propres issus des règles prudentielles. C'est ainsi qu'ils élèveraient l'instabilité financière.

* Anne-Laure Delatte est directrice adjointe du CEPII et responsable du programme scientifique Macroéconomie et finance internationales.

En 2012, les dirigeants des pays du G20, réunis à Los Cabos au Mexique, ont fait de la lutte contre les paradis fiscaux une priorité politique. Ils ont fermement soutenu l'initiative de l'OCDE, finalement adoptée en 2013, visant à lutter contre le transfert artificiel de profit (*base erosion and profit shifting*). L'Union européenne a été la première à exiger de ses banques qu'elles rendent publiques leurs activités dans tous les pays étrangers, incluant automatiquement les paradis fiscaux. Si des avancées indéniables ont été enregistrées, de nombreux acteurs continuent cependant de dénoncer les activités privées dans les paradis fiscaux : ainsi, l'ONG Oxfam estimait que les banques européennes réalisaient un quart de leurs bénéfices dans les paradis fiscaux (soit 25 milliards d'euros pour 2015), un montant en déconnexion complète avec la réalité économique de ces territoires, qui ne représentent que 5 % du PIB mondial et 1 % de la population mondiale.

Comment définit-on un paradis fiscal ? Qui y opère ? Comment estimer l'évasion fiscale dans les paradis fiscaux malgré la culture du secret qui y règne ? Ces paradis fiscaux sont-ils responsables de l'instabilité financière ? Quelles sont les initiatives en cours pour lutter contre les paradis fiscaux ? Telles sont les questions auxquelles ce chapitre tente de répondre, en l'état actuel des connaissances sur un sujet encore assez peu exploré.

Qu'est-ce qu'un paradis fiscal ?

Si personne ne conteste que les Bermudes et les îles Caïman sont des paradis fiscaux, le statut de nombreux territoires reste plus ambigu. Par exemple, Saint-Martin, la collectivité française d'outre-mer située aux Antilles, est pour certains un paradis fiscal mais pas pour d'autres. Dans leur ouvrage, Palan *et al.* [2013] recensent pas moins de 10 listes différentes établies par des institutions internationales et des ONG. Comment est-ce possible ? Les critères diffèrent-ils selon les organisations ? En fait, cela ne tient pas vraiment aux critères, car ceux-ci sont assez consensuels. Au-delà d'une fiscalité très attractive pour les entreprises ou les individus, trois grands critères sont retenus : i) une législation favorable au secret bancaire ou des affaires ; ii) des infrastructures en communication et technologies de l'information développées ; iii) une politique de communication active auprès des investisseurs en tant que centre financier *offshore*

[Hines et Rice, 1994]. Dharmapala et Hines [2009] ajoutent une caractéristique supplémentaire, celle d'une bonne gouvernance qui assure aux fonds logés dans les paradis fiscaux d'y être en sécurité : stabilité politique, efficacité du gouvernement, primauté du droit et contrôle de la corruption, faible niveau de criminalité. C'est un critère essentiel, voire rédhibitoire. Prenons l'exemple de la Hongrie, qui offre un taux d'imposition sur les sociétés de seulement 9 %. Ce n'est pas pour autant un paradis fiscal, car elle ne valide pas les autres critères et surtout celui de bonne gouvernance, du fait de sa forte insécurité politique (la Hongrie n'est présente sur aucune des 10 listes mentionnées). Au taux d'imposition faible et aux autres critères mentionnés plus haut doit ainsi s'ajouter une bonne gouvernance du point de vue des « investisseurs ». N'est donc pas paradis fiscal qui veut !

Le problème vient en fait moins des critères que des seuils retenus pour les apprécier. Car ces aspects sont, en effet, suffisamment vagues pour laisser une grande marge d'appréciation : en dessous de quel seuil un taux d'imposition est-il « attractif » ? Hormis la stricte loi sur le secret bancaire, avec quel indicateur mesure-t-on une législation propice au secret des affaires ? Quel niveau d'infrastructures retenir ? De plus, l'inclusion d'un pays dans une liste de paradis fiscaux par une organisation supranationale comme la Commission européenne ou l'OCDE a une portée hautement politique ; l'exercice est donc sensible et propice aux pressions. À l'inverse, les organisations non gouvernementales peuvent être tentées d'élargir la définition pour attirer l'attention de la société civile sur le sujet de l'évasion fiscale. Ceci peut expliquer pourquoi la Commission européenne identifiait 30 paradis fiscaux en 2015, tandis que l'ONG Tax Justice Network en comptait 60 au même moment. À cet égard, nous nous appuierons, dans ce chapitre, sur la liste établie par James Hines et Eric Rice, deux spécialistes universitaires de la question, car elle nous semble justement être la moins sensible aux pressions diverses. Leur liste compte 41 paradis fiscaux (encadré 1).

Identifier et décrire les paradis fiscaux nécessitent également de les distinguer des places *offshore*. La finance *offshore* signifie littéralement le placement de fonds à l'étranger. Est-ce que places *offshore* et paradis fiscaux sont pour autant des concepts substituables ? Non, car toutes les places *offshore* ne sont pas des paradis fiscaux : New York et Londres sont ainsi les plus grandes places financières *offshore* au monde, mais n'apparaissent sur

Encadré 1. Liste des paradis fiscaux, selon Hines et Rice [1994]

Andorre, Anguilla, Antigua-et-Barbuda, Bahamas, Bahreïn, Barbades, Belize, Bermudes, îles Vierges britanniques, îles Caïman, îles anglo-normandes (Jersey, Guernesey), îles Cook, Chypre, Dominique, Gibraltar, Grenade, Hong Kong, Irlande, île de Man, Jordanie, Liban, Liberia, Liechtenstein, Luxembourg, Macao, Maldives, Malte, îles Marshall, Monaco, Montserrat, Antilles néerlandaises, Panama, Saint-Christophe-et-Niévès, Sainte-Lucie, Saint-Martin, Saint-Vincent-et-les-Grenadines, Singapour, Suisse, îles Turks-et-Caïcos, Vanuatu.

aucune liste de paradis fiscaux ; et tous les paradis fiscaux ne sont pas non plus des places *offshore* : l'État du Delaware aux États-Unis est, par exemple, un paradis fiscal, mais pas une place financière *offshore*. En fait, les centres financiers *offshore* sont des places financières qui attirent les capitaux étrangers grâce à des infrastructures financières très développées, telles que la présence des principales banques internationales, de professions financières et juridiques, une place boursière où s'effectuent des opérations de *trading*, un réseau informatique développé, etc. Cela étant, en pratique, et faute de données plus précises, les travaux académiques approximent souvent l'activité des paradis fiscaux par celle des petits centres *offshore*.

Enfin, pour compléter la description des paradis fiscaux, regardons à présent quelques-unes de leurs caractéristiques. Pour ce faire, à partir de la base de données élaborée par Bouvatier *et al.* [2017], les 25 paradis fiscaux (18 petits, dont la population est inférieure à 2 millions, 7 grands) où opèrent les grandes banques européennes sont comparés à 112 pays, où ces banques sont également en activité, mais qui ne sont pas des paradis fiscaux. D'emblée, on remarque que les paradis fiscaux sont de petits pays avec une population en moyenne de 6,3 millions d'habitants dans les grands paradis et 304 000 dans les petits. Ce sont des pays riches avec un PIB par habitant près de trois fois supérieur à celui des non-paradis (2,6 fois pour les grands paradis et 3,1 fois pour les petits).

Par ailleurs, et sans surprise, le taux d'imposition sur les sociétés y est bien plus faible (5 % contre 17 %), et les infrastructures financières plus développées. Le niveau de régulation financière apparaît toutefois comparable à celui qui prévaut dans les autres pays, du moins si l'on se fie aux indices de régulation disponibles. C'est en tout cas davantage sous l'angle de leur attractivité fiscale et financière que sous celui de leur poids économique que peut s'expliquer l'intense activité des banques dans les paradis fiscaux.

Tableau 1. **Spécificité des paradis fiscaux**

		Non-paradis (112)	**Petits paradis (18)**	**Grands paradis (7)**
Taille et niveau de vie				
PIB PPA moyen	En milliards d'euros	963	16	268
Population moyenne	En milliers	58 100	304	6 316
PIB PPA par tête	En euros	16 615	51 104	42 534
Fiscalité, réglementation et infrastructures financières				
Taux d'impôt effectif	En %	17	5	5
Indicateur de réglementation bancaire	Entre 0 et 100	24	23	25
Indicateur de développement des infrastructures financières	Entre 0 et 100	54	67	68
Activité à l'étranger des 36 plus grandes banques européennes				
Chiffre d'affaires	En millions d'euros	229 216	13 639	34 959
	En % du total	82	5	13
Employés	En millions d'euros	1 108 140	22 649	83 460
	En % du total	91	2	7
Profits	En millions d'euros	53 983	7 656	14 492
	En % du total	71	10	19

Note : le taux d'impôt effectif est celui réellement payé par les sociétés multinationales sur leurs bénéfices (il tient compte des exemptions, avantages fiscaux, etc.) ; il est fourni par le Bureau of Economic Analysis. L'indicateur de réglementation bancaire est un indicateur agrégé mesurant le degré de rigueur de la réglementation relativement aux trois piliers de l'accord de Bâle II [Barth *et al.*, 2013]. L'indicateur de développement des infrastructures financières, développé par Z/Yen Group depuis 2007, regroupe plusieurs mesures, comme l'environnement des affaires, le niveau de capital humain et de développement des infrastructures et du secteur financier. L'indice a été normalisé entre 0 et 100 par les auteurs.

Source : Bouvatier *et al.* [2017], à partir de données issues des rapports annuels 2015 des banques conformes aux exigences du *reporting* pays par pays.

Peut-on mesurer l'activité dans les paradis fiscaux ?

Naturellement, le manque de transparence qui les caractérise rend difficile tout exercice de mesure. Depuis plus de vingt ans, des travaux empiriques ont toutefois cherché à établir des ordres de grandeur. Grâce à un travail méticuleux et souvent ingénieux pour contourner le manque de données, on dispose aujourd'hui d'informations plus précises sur ce que pèsent les paradis fiscaux dans les échanges économiques internationaux.

James Hines et Eric Rice ont été parmi les premiers à documenter l'importance des paradis fiscaux. Au début des années 1990, ils ont estimé que les multinationales américaines logeaient près d'un tiers de leurs profits réalisés à l'étranger dans des paradis fiscaux. En 2014, l'économiste Gabriel Zucman a évalué qu'en 2013 environ 20 % des profits américains, soit dix fois plus que dans les années 1980, étaient logés dans les principaux paradis fiscaux, que 10 % de la richesse des ménages européens y était placée et qu'au total c'était 10 % du PIB mondial qui y séjournait.

Quelle place les paradis fiscaux occupent-ils au sein du système financier mondial ? Pour la mesurer, Lane et Milesi-Ferretti [2011] ont réuni des données sur les petites places financières *offshore* (excluant New York et Londres notamment). Si cela ne donne pas une mesure exacte de l'activité dans les paradis fiscaux, c'est une façon de contourner l'absence de données de certains paradis et cela offre une approximation instructive. Ainsi ils concluent qu'il y a plus de fonds placés dans ces petites places *offshore* qu'en Allemagne, en France ou au Japon ; d'après la même étude, 40 % des investissements directs étrangers dans le monde passeraient par ces places *offshore*. Par exemple en 2011, 30 % de l'investissement direct vers l'Inde venait de l'île Maurice, 25 % des investissements directs vers le Brésil venaient des Pays-Bas et 60 % des investissements directs vers la Chine de Hong Kong et des îles Vierges. Grâce à diverses sources de données, Christensen et Hampton [2002] ont estimé que le montant total des dépôts dans les centres *offshore* s'élevait à 11 milliards de dollars en 1968 (0,5 % du PIB mondial), 385 milliards de dollars en 1978, 1 000 milliards de dollars au début des années 1990 et 6 000 milliards de dollars à la fin des années 1990 (20 % du PIB mondial).

Enfin, Zucman [2013] calculait que 8 % environ du patrimoine financier des ménages dans le monde en 2008 serait détenu dans les paradis fiscaux et que les trois quarts de ce patrimoine ne seraient pas déclarés. Toujours selon les mêmes estimations, le montant du patrimoine caché dans les paradis fiscaux représenterait le double de la position extérieure nette des pays riches. Les paradis fiscaux jouent donc un rôle crucial dans les échanges économiques. À présent, essayons de cerner ce qu'on y fait.

Que fait-on dans les paradis fiscaux ?

Les multinationales dans les paradis fiscaux

Naturellement, la première motivation qui pousse à transférer des profits dans un paradis fiscal est d'éviter l'impôt. L'éviter légalement ou pas ? Dans le premier cas, il sera question d'optimisation, dans le second de fraude fiscale. Selon le Conseil des prélèvements obligatoires, l'évasion fiscale est en effet l'« ensemble des comportements du contribuable qui visent à réduire le montant des prélèvements dont il doit normalement s'acquitter. S'il a recours à des moyens légaux, l'évasion entre alors dans la catégorie de l'optimisation. À l'inverse, si elle s'appuie sur des techniques illégales ou dissimule la portée véritable de ses acteurs, l'évasion s'apparente à la fraude » [CPO, 2010].

Il importe de souligner que le transfert de bénéfices ne se fait pas uniquement dans les paradis fiscaux. 60 % du commerce mondial se fait par transferts internes aux multinationales. La mondialisation permet ainsi, par exemple, à une entreprise de micro-puces informatiques de concevoir ses produits dans le pays A, les fabriquer en B, les tester en C, détenir des brevets en D et céder des droits de commercialisation à une filiale dans le pays E. Jusqu'ici rien d'anormal, cela fait partie de ce que les spécialistes du commerce international appellent le fractionnement des chaînes de valeurs. Une entreprise a toutefois une grande marge de manœuvre quant au prix auquel elle facture des biens ou des services à une entreprise du même groupe (c'est ce qu'on appelle le « prix de transfert »). Ainsi, une telle structure confère aux entreprises une grande liberté dans la façon d'allouer leurs coûts entre les pays où elles déploient leurs activités et leur donne de nombreuses opportunités pour transférer les bénéfices là où c'est fiscalement le plus avantageux pour elles [Nayman, 2017].

Les pratiques fiscales des multinationales dans les paradis fiscaux commencent à être assez bien renseignées [Davies *et al.*, 2014]. La présence des banques dans les paradis fiscaux et l'usage qu'elles en font, un peu moins. On s'y intéresse donc dans ce qui suit.

Les banques dans les paradis fiscaux

Depuis la crise financière, l'implication du système bancaire dans les paradis fiscaux a fait l'objet d'une attention particulière. En 2008, une enquête du FBI a mis en lumière les pratiques de la banque suisse UBS, accusée d'avoir offert une assistance technique à ses clients américains pour cacher 20 milliards de dollars à l'étranger. Par la suite, l'Allemagne et la France ont lancé des enquêtes similaires. En 2013, le Consortium international des journalistes d'investigation (ICIJ) a publié un rapport, connu sous le nom d'*Offshore Leaks*, qui soulignait le rôle crucial joué par la plupart des banques internationales *via* l'offre de services destinés à faciliter l'évasion fiscale.

En 2014, l'ICIJ a publié un autre rapport, les *Lux Leaks*, sur la base d'informations confidentielles sur les systèmes d'évasion fiscale au Luxembourg, soulignant ainsi que celle-ci a lieu au sein même de l'Union européenne. En 2015, les fuites suisses ont directement impliqué le groupe bancaire HSBC, soupçonné d'évasion fiscale et de blanchiment d'argent. Enfin, en 2016, les *Panama Papers* ont révélé une grande activité des banques internationales dans les paradis fiscaux, et plus précisément leur rôle d'intermédiaires dans la mise en place de sociétés écrans, fondations et trusts pour faciliter l'évasion fiscale au service de leurs clients.

En effet, les banques étrangères ouvrent des filiales dans les paradis fiscaux pour proposer des services aux particuliers et aux sociétés situés dans ces juridictions. Ouvrir un compte bancaire dans un paradis fiscal puis l'associer à une carte de crédit sont tout à fait légaux. Mais ces comptes peuvent aussi être utilisés pour y placer : 1) des revenus gagnés à l'étranger et ce faisant échapper à l'impôt ; 2) du capital et réduire ainsi le patrimoine à déclarer (par exemple, échapper à des paiements de pension alimentaire dans des cas de divorce) ; 3) des revenus gagnés de façon illicite et criminelle.

En plus d'offrir des services de dépôt, les banques jouent un rôle essentiel d'intermédiaire entre leurs clients et des cabinets juridiques, comme celui de Mossack Fonseca, révélé par les *Panama Papers*. Ces cabinets, mis en relation par les banques avec des clients potentiels, offrent l'assistance juridique pour ouvrir des filiales, des sociétés indépendantes, des fondations, etc. où les profits des multinationales sont transférés. Toujours selon le consortium de journalistes ICIJ, le cabinet Mossack Fonseca aurait aidé à créer 1 814 sociétés écrans rien qu'en 2005 et plus de 15 000 entre 2005 et 2015.

Une autre opération des banques dans les paradis fiscaux consiste à arranger des produits de titrisation pour loger des fonds et échapper à l'impôt. Prenons le cas du rachat de l'entreprise indienne Hutchinson International par la Britannique Vodaphone. La première étape a consisté à transférer les parts de Hutchinson International aux îles Caïman par une opération de titrisation. La seconde étape pour Vodaphone a été d'acheter ces parts titrisées. Ainsi, les gains en capitaux réalisés ont pu rester aux îles Caïman, et n'ont pas été taxés au taux indien d'environ 40 % [Surpure, 2008]. L'opération a eu lieu en 2007 ; les autorités indiennes ont exigé le paiement de l'impôt sous juridiction indienne, mais en 2017 le cas n'était toujours pas résolu.

La réglementation européenne a récemment rendu obligatoire la publication par les banques d'informations sur leur activité pays par pays. Ces données sont précieuses car elles permettent de faire la lumière sur l'activité des filiales bancaires dans les paradis fiscaux. La seconde partie du tableau 1 est éloquente : les banques de l'échantillon déclarent 20 % de leur chiffre d'affaires et 29 % de leur profit dans les paradis fiscaux, tandis qu'elles y emploient seulement 9 % de leur main-d'œuvre. À moins de supposer que les employés dans les paradis fiscaux sont particulièrement productifs, ces chiffres suggèrent qu'une partie de l'activité et du profit y est artificiellement transférée. Dans Bouvatier *et al.* [2017], nous estimons que le fait d'être un paradis fiscal permet d'accueillir 2,5 fois plus d'activité bancaire. C'est une moyenne : le Luxembourg attire 9 fois plus d'activité ! Nous estimons également que la perte fiscale liée au transfert d'activité des 36 banques européennes de notre échantillon dans des paradis fiscaux pèse entre 5 et 20 % des revenus fiscaux.

Au total, les multinationales peuvent bénéficier des services de filiales de banques internationales pour exploiter les différences de taxation dans le monde. Si les paradis fiscaux ne détiennent pas le monopole de l'évasion fiscale, leur existence en est, à n'en plus douter, un rouage essentiel.

L'activité bancaire dans les paradis fiscaux contribue-t-elle à l'instabilité financière ?

Dans leur ouvrage déjà mentionné, Palan *et al.* [2013] affirment que les paradis fiscaux sont un pivot essentiel de la finance internationale et une source d'instabilité majeure, car ils permettent aux banques d'échapper à la contrainte réglementaire qui pèse sur elles. Le propos est intéressant mais il reste pour le moment difficile d'en apporter la preuve empirique. Par exemple, la titrisation, au cœur de l'évitement réglementaire et parmi les principales causes de la crise de 2008, n'a nul besoin des paradis fiscaux. Cette technique financière, qui permet aux banques de sortir des actifs de leur bilan et ainsi de satisfaire plus facilement l'exigence réglementaire de fonds propres, est une opération légale et largement réalisée en dehors des paradis fiscaux. En outre, comme on l'a vu dans le tableau 1, le niveau de réglementation des paradis fiscaux est comparable à celui des autres pays. Il n'est donc pas certain que les banques cherchent à échapper à la réglementation bancaire lorsqu'elles s'installent dans les paradis fiscaux. Il n'en demeure pas moins que la taille de la finance de l'ombre (*shadow banking*) aux îles Caïman ou en Irlande est absolument hors normes : respectivement de 170 000 % et 1 400 % du PIB, selon le dernier rapport du *Financial Stability Board*. Incontestablement, des zones d'ombre subsistent quant à l'activité des multinationales et des banques dans les paradis fiscaux, qui appellent de nouveaux travaux d'investigation et de recherche.

Les initiatives et les chantiers à venir

En décembre 2012, sous la pression de la société civile, suite à la crise financière internationale, le G20 réuni au Mexique donnait son soutien à l'OCDE et à son plan BEPS concernant l'érosion de la base d'imposition et le transfert de bénéfices des multinationales. Le programme consiste en une série de 15 actions précises reposant sur une coopération multilatérale entre gouvernements, afin que l'impôt soit collecté à l'endroit où l'activité économique des multinationales a vraiment lieu.

Cette initiative a permis des avancées concrètes : la priorité a été mise sur la transparence et le partage des données, nerf de la guerre contre l'évasion fiscale. Une directive européenne a ainsi rendu obligatoire, depuis 2015, la publication par les banques européennes d'un rapport annuel d'activité par pays (*reporting* pays par pays), qui renseigne sur le nombre de filiales, d'employés et le chiffre d'affaires de chaque filiale des banques européennes. C'est grâce à cette obligation que l'ONG Oxfam, en partenariat avec le réseau Fair Finance, ou encore Bouvatier *et al.* [2017] peuvent désormais analyser l'activité à l'étranger des grandes banques de l'Union européenne.

Il est toutefois regrettable que cette exigence de transparence ne concerne pas encore les multinationales non financières. Celles-ci organisent une résistance active. Ainsi, en France, le 8 décembre 2016, le Conseil constitutionnel a retoqué la directive européenne obligeant les multinationales françaises à publier leurs données financières, jugeant qu'elle portait une atteinte disproportionnée à la liberté d'entreprendre.

Le plan BEPS a également ouvert un vaste chantier de transfert automatique de données entre autorités fiscales. Actuellement, les autorités fiscales n'ont pas de visibilité sur les filiales étrangères d'un groupe multinational dont la maison mère est dans leur pays. Cela rend donc impossible l'examen d'éventuelles pratiques abusives de prix de transfert. L'OCDE vise donc à ce que chaque entité d'une multinationale dépose auprès de son administration fiscale de résidence une déclaration sur son activité. Ensuite, à l'appui d'un accord d'échange bilatéral entre États, chaque juridiction dans laquelle le groupe est implanté procéderait à un échange automatique des déclarations. En mai 2017, il existait des accords bilatéraux entre 60 pays, et les premiers échanges sont prévus en septembre 2017.

Enfin, une liste noire des juridictions non coopératives dans la lutte contre le blanchiment d'argent et le financement du terrorisme existe depuis 2000 et fait l'objet d'une mise à jour annuelle ; une liste grise complète la première, incluant les pays ayant pris des engagements, mais ne les ayant pas encore mis en place « substantiellement ». Cela procède de la pratique anglo-saxonne du *name and shame*, comptant sur le fait que la désignation d'une juridiction sur la liste noire exercera une pression sur les entreprises et les banques, les obligeant à modifier leurs pratiques.

Ces deux listes sont régulièrement critiquées par les ONG, la liste noire étant jugée trop courte (elle n'incluait que 4 pays en 2009) et la liste grise trop complaisante à l'égard de pays qui n'ont pas encore agi. En outre, plusieurs travaux montrent que ces mesures ne produiront pas l'effet escompté. Ferwerda et Unger [2008] obtiennent, par exemple, un résultat bien cynique : loin de l'intention initiale du *name and shame*, être inclus sur une liste noire ou grise produirait un surcroît d'activités financières ! Quant aux traités bilatéraux d'échange automatique d'informations bancaires, d'après Johannesen et Zucman [2014], ils n'entraîneraient pas le rapatriement des dépôts, mais leur transfert vers d'autres paradis fiscaux, non couverts par les traités. La lutte contre les paradis fiscaux est une longue route sinueuse…

Finalement, la mesure qui pourrait se révéler la plus efficace, et totalement en ligne avec le BEPS de l'OCDE, est celle initiée par la Commission européenne en 2011 et relancée en 2016, celle de l'assiette commune consolidée pour l'impôt sur les sociétés (ACCIS). Selon ce dispositif, les sociétés multinationales ayant une activité dans l'Union et dont le chiffre d'affaires dépasse 750 millions d'euros par an ne rempliraient qu'une seule déclaration fiscale consolidée pour l'ensemble de leurs activités dans les différents pays de l'Union où elles sont installées. Ensuite, les résultats imposables seraient répartis par pays en fonction de l'activité du groupe dans chaque pays. Concrètement, la répartition pourrait se faire en proportion des ventes réalisées, du nombre de salariés ou des actifs détenus par pays. L'enjeu est assez clair et tout à fait en ligne avec l'objectif de l'OCDE : il faut taxer les bénéfices là où ils sont vraiment réalisés et non là où la fiscalité est la plus favorable. Mais comme à chaque fois que la Commission propose de toucher au régime d'imposition des sociétés, certains membres opposent de fortes résistances. Les pays fiscalement les plus attractifs, comme l'Irlande et le Luxembourg, n'ont pas intérêt à cette consolidation des bénéfices, qui entraînerait un jeu de vases communicants en leur défaveur.

En conclusion, la pression de la société civile a fait changer la perception des paradis fiscaux. La connaissance avance grâce à l'accès à de nouvelles données, favorisé par un agenda pressant sur l'exigence de transparence. Il reste pourtant beaucoup à faire. Le secteur bancaire européen est pour le moment le seul secteur obligé de rendre ses comptes publics. Or, si les banques jouent un rôle essentiel dans les paradis fiscaux, c'est essentiellement en tant qu'intermédiaires des entreprises multinationales. Il faut donc que l'exigence de transparence s'applique également aux secteurs non financiers. Pour l'instant, la volonté politique n'est pas suffisante. Enfin, l'Europe, qui compte en son sein les paradis fiscaux parmi les plus actifs avec le Luxembourg, Jersey ou Monaco, a des propositions fortes pour limiter l'évasion fiscale. Mais comme souvent, sa capacité à faire avancer cet agenda d'utilité publique est freinée par des intérêts nationaux. Seule la pression constante de la société civile pourra faire pencher la balance du bon côté.

Repères bibliographiques

BARTH J. R., CAPRIO JR G. et LEVINE R. [2013], « Bank regulation and supervision in 180 countries from 1999 to 2011 », *Journal of Financial Economic Policy*, 5(2), p. 111-219.

BOUVATIER V., CAPELLE-BLANCARD G. et DELATTE A.-L. [2017], « Banks in tax havens : new evidence based on country-by-country report », *Rapport pour la Commission européenne*, Bruxelles.

CHRISTENSEN J. et HAMPTON M. P. [2002], « Offshore pariahs ? Small island economies, tax havens, and the re-configuration of global finance », *World Development*, 30(9), p. 1657-1673.

CHAVAGNEUX C. et PALAN R. [2017], *Les Paradis fiscaux*, La Découverte, « Repères », Paris.

CONSEIL DES PRÉLÈVEMENTS OBLIGATOIRES [2010], *Entreprises et « niches » fiscales et sociales. Des dispositifs dérogatoires nombreux*, La Documention française, Paris, octobre.

DAVIES R. B., MARTIN J., PARENTI M. et TOUBAL F. [2014], « Knocking on tax haven's door : multinational firms and transfer pricing », *Document de travail du CEPII*, n° 2014-21, décembre. À paraître dans *Review of Economics and Statistics.*

DHARMAPALA D. et HINES J. R. [2009], « Which countries become tax havens ? », *Journal of Public Economics*, 93(9), p. 1058-1068.

FERWERDA J. et UNGER B. [2008], « Regulating money laundering and tax havens : The role of blacklisting », Tjalling C. Koopmans Research Institute, *Discussion Paper Series*, p. 8-12.

HENRY J. [2012], « The price of offshore revisited », *Tax Justice Network Report.*

HINES J. R. JR et RICE E. M. [1994], « Fiscal paradise : foreign tax havens and American business », *Quarterly Journal of Economics*, février, 109 (1), p. 149-182.

JOHANNESEN B. N. et ZUCMAN G. [2014], « The end of bank secrecy ? An evaluation of the G20 tax haven crackdown », *American Economic Journal : Economic Policy 2014*, 6(1), p. 65-91.

LANE P. R. et MILESI-FERRETTI G. M. [2011], « The cross-country incidence of the global crisis », *IMF Economic Review*, 59(1), p. 77-110.

NAYMAN L. [2017], « Où vont les profits des multinationales ? », *L'Économie internationale en campagne*, CEPII, billet du 2 mai 2017.

OXFAM [2017], « Banques en exil : comment les grandes banques européennes profitent des paradis fiscaux », rapport.

PALAN R, MURPHY R., et CHAVAGNEUX C. [2013], *Tax havens : How Globalization Really Works*, Cornell University Press, Ithaca, NY.

SURPURE S. [2008], « The Vodafone – Hutchison Case and Its Implications », *News Corp VCCircle*, 6 octobre.

ZUCMAN, G. [2013], *La Richesse cachée des nations. Enquête sur les paradis fiscaux*, Seuil, « La République des idées », Paris.

— [2014], « Taxing across borders : tracking personal wealth and corporate profits », *Journal of Economic Perspective*, 28(4), p. 121-148.

IV/ La démondialisation n'aura pas lieu

*Sébastien Jean**

L'élection de Donald Trump à la présidence des États-Unis, au terme d'une campagne marquée par son ton protectionniste, a couronné une contestation politique de la mondialisation sans précédent. Cette élection est, en effet, arrivée quelques semaines seulement après les âpres polémiques suscitées par la signature de l'accord de libre-échange entre l'Union européenne et le Canada (CETA), qui suivaient elles-mêmes de quelques mois le vote du Brexit. Dans un climat politique international marqué par le retour en force du souverainisme, alors que le commerce international et les créances transfrontières marquent le pas, assiste-t-on aux premiers craquements d'un système à bout de souffle, aux prémices d'une démondialisation que certains appellent de leurs vœux ? Pour comprendre les évolutions en cours, il faut élargir la focale, embrasser l'ensemble des dimensions d'une mondialisation multiforme, que l'on peut définir par la forte intensité des interactions économiques internationales. Le degré d'intégration des marchés des biens et services, du travail et du capital en est bien entendu une dimension prépondérante, mais la circulation des informations, des technologies, voire des opinions en est une autre caractéristique structurante. Pour interpréter la portée des changements récents, il faut également les replacer dans un temps long d'au moins quelques décennies.

* Sébastien Jean est directeur du CEPII.

La fermeture d'une parenthèse, pas la fin de la mondialisation

Le choc violent de la crise financière de 2007-2008 a eu des répercussions durables, rendant difficile la lecture des tendances pérennes de l'économie mondiale. Près d'une décennie plus tard, il est clair que cette crise a marqué, plus qu'un simple incident de parcours, une rupture profonde dans les interactions économiques internationales. Depuis la fin des soubresauts directement liés à la crise, la croissance des échanges mondiaux suit à peu près celle des revenus (mesurés par le PIB), alors qu'elle était en moyenne deux fois plus rapide au cours des quinze années qui ont précédé la crise.

Dans le domaine financier, le contraste est également saisissant : les créances transfrontières (prêts, obligations ou autres financements accordés par une institution financière à une contrepartie dans un pays étranger), qui étaient passées de moins de 10 % du PIB mondial en 1980 à près de 60 % en 2007, sont revenues à un peu moins de 40 % du PIB mondial en 2016, d'après la Banque des règlements internationaux. Quant aux flux d'investissements directs à l'étranger, s'ils ont continué à progresser dans l'absolu, ils ont sensiblement régressé en proportion de la formation brute de capital fixe dans les pays à bas revenu ou intermédiaire, passant de près de 13 % en 2007 à moins de 9 % en 2014, d'après la Banque mondiale.

La combinaison de ces tendances commerciales et financières est en rupture claire et durable avec les évolutions structurelles qui avaient précédé la crise. Il est tentant d'extrapoler ces évolutions pour y déceler les prémices d'une démondialisation, par laquelle les économies tendraient à s'isoler de nouveau les unes des autres. Ce n'est pourtant pas ce que suggère une analyse plus approfondie.

En dehors du désendettement des banques européennes, les financements internationaux s'intensifient

Dans la finance, l'examen de données détaillées montre que la tendance décroissante des créances transfrontières n'est pas un phénomène mondial, mais régional. Plus précisément, elle reflète avant tout le désengagement international des banques européennes, d'abord vis-à-vis des États-Unis après la crise de 2008, puis entre le nord et le sud de l'Europe, en réponse à la crise des dettes souveraines en zone euro à partir de 2011. Ce mouvement doit être lu à la lumière d'une situation où les banques européennes combinaient une forte exposition internationale avec un niveau d'endettement extrêmement élevé, leur levier d'actifs moyen (rapport entre actifs totaux et fonds propres) dépassant 35 en 2008 alors que même celui des États-Unis n'excédait pas 20. L'évolution qui s'est ensuivie reflète donc avant tout la résorption d'excès manifestes dans un contexte où l'aversion au risque pousse à réduire d'abord les créances étrangères.

Les créances bancaires internationales des pays développés non européens et des pays émergents n'ont, en revanche, pas diminué en proportion du PIB. Et, dans le même temps, les opérations de marché à l'échelle internationale, adossées principalement à des émissions obligataires, souveraines ou privées, se sont considérablement développées, engageant surtout des établissements financiers non bancaires. Entre 2009 et fin 2016, les crédits libellés en dollars accordés à des établissements non bancaires hors des États-Unis ont augmenté de moitié en ce qui concerne les prêts bancaires et doublé pour les émissions obligataires. Fin 2016, l'ensemble dépassait 10 000 milliards de dollars [Caruana, 2017]. Difficile, dans ces conditions, de parler d'une démondialisation financière, d'autant que la diffusion internationale des chocs sur les marchés boursiers et des changes, à l'aune de laquelle peut s'apprécier le degré d'intégration financière, s'est intensifiée depuis la crise [FMI, 2016, chapitre II].

Le commerce international rentre dans le rang

En matière de commerce international, le ralentissement constaté est certes spectaculaire, mais la théorie économique ne prévoit pas que les échanges commerciaux doivent croître plus rapidement que le revenu. En ce sens, la similarité des taux de croissance du commerce international et du PIB est avant tout un retour à la normale après une période d'expansion, qui a vu les exportations mondiales de marchandises passer d'environ 18 % du PIB mondial en 1993 à 30 % en 2008 (source : CEPII, base de données Chelem). En l'occurrence, la croissance du commerce résultait d'une série de facteurs exceptionnels, dont les plus importants étaient sans nul doute de nature technologique – avec le développement fulgurant des technologies de l'information et de la communication – et politique – avec l'ouverture de la Chine et des pays anciennement membres du bloc soviétique, et la relative stabilité des relations internationales, marquées par la domination américaine. Les facteurs institutionnels ont également joué un rôle important avec la création de l'Organisation mondiale du commerce (OMC), l'adhésion de la Chine à celle-ci et la multiplication des accords régionaux de commerce. L'envolée des investissements directs à l'étranger a été un autre facteur essentiel.

Dans ce retour à la normale de la croissance du commerce mondial, deux facteurs explicatifs se détachent clairement, même si leurs contributions respectives restent incertaines ; ils ont trait à la Chine et aux chaînes internationales de valeur [Jean, 2017]. La Chine, premier exportateur mondial de marchandises depuis 2009, est en effet engagée depuis maintenant une décennie dans une phase de transition de grande envergure, s'appuyant schématiquement sur un rééquilibrage de son économie depuis l'investissement vers la consommation, depuis les biens vers les services, depuis l'assemblage d'intrants importés vers les filières productives nationales, depuis les exportations vers le marché intérieur. Cette évolution s'est traduite commercialement, outre par un désengagement progressif du commerce d'assemblage, par le plafonnement de son taux d'ouverture, le ratio des exportations au PIB déclinant après 2007 pour revenir de 35 % à 26 % en 2015. Si cette transition n'est pas nécessairement achevée, la résorption des principaux déséquilibres semble désormais acquise, comme en témoigne le retour de l'excédent courant, qui avait dépassé 8 % du PIB de 2006 à 2008, au-dessous de 3 % du PIB depuis 2011.

Concernant les chaînes mondiales de valeur (*global value chains*), la fragmentation des processus de production en un grand nombre de tâches effectuées dans différents pays pour tirer le meilleur parti des écarts de salaires, de coût du capital, de qualifications, de technologies et de disponibilité des intrants avait joué un rôle central dans l'accélération du commerce mondial dans les années 1990 et 2000. Les mesures directes de cette fragmentation développées par l'OCDE comme la baisse de la part des consommations intermédiaires dans les échanges mondiaux ou encore les analyses économétriques montrent que cette dynamique a cessé, expliquant environ la moitié du ralentissement constaté. Soulignons cependant que ce coup d'arrêt ne s'est pas manifesté par une régression significative du phénomène de fragmentation. Même si certaines multinationales ont profité des progrès de la robotique et de la réduction des différentiels de coût du travail pour rapatrier dans les pays riches une partie de leur production précédemment délocalisée, on ne peut pas parler, pour l'instant en tout cas, d'un retour en arrière significatif.

La résurgence du protectionnisme est une autre explication possible du ralentissement commercial. Les crises sont des périodes propices aux réflexes protectionnistes, gouvernements et entreprises cherchant à compenser le recul de la demande par une diminution des parts étrangères sur le marché national. Conscients des risques d'engrenage inhérents aux conflits commerciaux, les pays du G20 s'étaient d'ailleurs solennellement engagés lors du sommet de Londres, en avril 2009, à « rejeter le protectionnisme ». Cet engagement n'a pas toujours été scrupuleusement tenu, et l'OMC estimait en novembre 2016 que près de 3 000 mesures restreignant le commerce avaient été introduites par les pays membres depuis 2008, dont plus de 2 200 seraient encore en vigueur. Ce constat est cependant difficile à interpréter, dans la mesure où un nombre supérieur de mesures visant à faciliter le commerce ont été prises dans le même temps et où des données comparables ne sont pas disponibles pour la période précédant la crise. Ainsi, il n'a pas jusqu'ici été établi de façon probante que ces mesures protectionnistes aient pu constituer un facteur substantiel de ralentissement du commerce mondial.

L'économie politique de la mondialisation a changé

En somme, qu'il s'agisse d'interactions financières ou commerciales, les éléments qui ont causé leur ralentissement ou parfois leur régression traduisent plus la fin d'une période exceptionnelle qu'un retour en arrière. L'après-crise ne ressemble décidément pas à l'avant-crise, mais ne s'apparente pas non plus au début de la fin de la mondialisation. Il reste que les évolutions futures dépendront de décisions politiques, qui s'inscriront dans un contexte profondément modifié à la fois par la crise économique et financière elle-même, et par le ralentissement de la croissance économique qui s'est ensuivi.

Finance : ne plus subir les effets de contagion du passé

Dans le consensus de Washington, l'ouverture financière sans restriction constituait un élément incontournable d'une stratégie de développement efficace, parce qu'elle était considérée comme un gage de bonne allocation des capitaux et d'une saine discipline financière. La crise asiatique de 1997 a cependant bien montré les inconvénients d'une telle stratégie et les coûts de l'instabilité qui pouvaient s'ensuivre pour les pays émergents. Elle a d'ailleurs incité nombre de pays à être nettement plus prudents dans la gestion de leur ouverture financière, et souvent à l'accompagner d'une accumulation importante de réserves en devises. La crise financière de 2007-2008 a constitué un nouveau coup de semonce, illustrant de façon éclatante les coûts d'une dérégulation financière excessive, en termes d'instabilité, de contagion des chocs et de perte potentielle d'autonomie. De fait, nombre de pays émergents, comme l'Argentine, le Chili, l'Indonésie ou les Philippines, ont décidé, dans les années qui ont suivi, de contrôler plus étroitement leur compte de capital. Le FMI lui-même a officiellement reconnu le bien-fondé d'une gestion contrôlée des mouvements de capitaux dans les pays émergents [FMI, 2012]. L'anathème jeté dans les années 1990 sur les contrôles de capitaux semble bien loin. Au contraire, des politiques prudentielles adaptées, pouvant restreindre directement ou indirectement les mouvements internationaux de capitaux, sont désormais largement considérées comme nécessaires pour beaucoup de pays émergents, afin d'assurer leur stabilité financière et éviter les à-coups brutaux inhérents aux marchés financiers lorsqu'ils sont livrés à eux-mêmes. La soudaineté des sorties de capitaux des pays émergents à la suite de la déclaration de Ben Bernanke en mai 2013, suggérant une éventuelle sortie progressive du *quantitative easing* (le *taper tantrum*), n'a fait que renforcer cette prise de conscience qu'avec les bénéfices de l'ouverture financière viennent des risques, souvent considérables. Les contrôles de capitaux ne sont plus tabous, le gradualisme retrouve sa légitimité.

L'immigration, sujet politique brûlant

Dans les attitudes politiques vis-à-vis de la mondialisation, l'immigration joue un rôle à part. Les estimations du stock de migrants au niveau mondial sur les cinquante dernières années montrent une relative stabilité en proportion de la population totale, aux alentours de 3 %, même si les mouvements migratoires sont devenus plus variés et sur de plus longues distances en moyenne [Czaika et de Haas, 2015]. L'Europe est la principale grande région où l'intensité de l'immigration a été orientée à la hausse, même si la tendance est loin d'être régulière, les événements géopolitiques dans le voisinage (chute du rideau de fer, guerre de Yougoslavie, conflit syrien) jouant souvent un rôle prépondérant. Aux États-Unis, le solde migratoire net ne présente pas de tendance claire, même s'il a été relativement haut dans les années 1990. De fait, les pays riches contrôlent de façon très stricte leurs flux migratoires, si bien que les fluctuations sont pour l'essentiel liées à des facteurs plus difficilement contrôlables, en particulier les flux de réfugiés d'une part, l'immigration illégale d'autre part. Une exception notable est la migration au sein de l'Union européenne qui, en vertu du principe de libre circulation des personnes, n'est pas restreinte en dehors de périodes transitoires suivant parfois l'élargissement à de nouveaux membres.

En dépit de cette relative stabilité, le rejet de l'immigration a constitué un axe central de la campagne pour le Brexit et de celle de Donald Trump, et la mobilité des travailleurs est un sujet très sensible entre partenaires européens. La gestion des flux de réfugiés est par ailleurs un facteur de tension majeur aussi bien entre pays, même au sein de l'Union européenne, que dans chacun d'entre eux. Les réactions politiques dont l'immigration fait l'objet ne sont pas nouvelles, mais elles se sont exacerbées au cours des dernières années. Paradoxalement, la composante la moins active de la mondialisation en est aussi devenue politiquement la plus sensible.

L'ouverture commerciale à l'épreuve de l'absence de croissance

La moindre dynamique de la croissance change également la perspective politique sur le libre-échange. Si l'ouverture commerciale induit des effets distributifs et des coûts d'ajustement, les exportations étaient généralement vues avant la crise comme un facteur primordial de dynamisation de la croissance : dans les pays riches, profitant de l'expansion rapide des marchés émergents ; dans les pays en développement, bénéficiant des technologies des multinationales des pays les plus avancés. Le commerce n'étant désormais plus synonyme de croissance, les gouvernements et les peuples y voient de plus en plus un jeu à somme nulle, dans lequel l'essentiel est de se protéger de la concurrence étrangère. Les demandes de protection ont toujours existé, mais elles se font plus pressantes. Les tensions autour du partage du gâteau sont d'autant plus fortes que sa croissance s'atrophie, laissant craindre que tout le monde ne puisse y trouver son compte, dans un contexte où la puissance industrielle et commerciale de la Chine fait peur aux pays riches, en proie à la désindustrialisation, comme à certains pays pauvres, l'Inde par exemple, qui y voient une menace pour leur stratégie d'industrialisation.

La mondialisation orpheline de son leader

Nulle part ce retournement politique à l'égard de la mondialisation n'a été aussi manifeste et brutal qu'aux États-Unis ; nul ne l'a symbolisé aussi clairement que Donald Trump. Un paradoxe savoureux, puisque la mondialisation telle que nous la connaissons s'appuie sur un cadre institutionnel bâti depuis la fin de la Seconde Guerre mondiale sous l'impulsion des États-Unis, notamment pour exporter leur modèle d'économie libérale et déployer sans entraves leurs intérêts économiques, monétaires et financiers, ainsi que les activités de leurs multinationales. Les politiques économiques américaines suivies depuis le début des années 1980 expliquent en grande partie cette situation : une fiscalité de moins en moins redistributive, un système de protection sociale largement insuffisant, une finance débridée [Reshef, 2017] et un salaire minimum baissant en termes réels ont alimenté la hausse des inégalités ; rien n'a été fait pour contrer la baisse tendancielle de l'épargne nette des ménages qui nourrit celle de la nation, et donc un déficit courant devenu abyssal, rendu possible par le statut de monnaie de réserve internationale du dollar. Rien, dans ce cocktail, n'a aidé l'économie américaine à supporter les chocs concurrentiels successifs qu'ont constitués les montées en puissance du Japon, puis des « dragons », des « tigres » et enfin de la Chine.

Dans ce contexte de fragilité, l'élection de Donald Trump est un choc dont les conséquences n'ont pas fini de se faire sentir. Il est difficile de parler d'une doctrine à son propos tant ses déclarations et ses décisions manquent de cohérence, de même que les positions de son entourage. Mais une chose est claire : Donald Trump rejette l'approche multilatérale et refuse que les États-Unis supportent les coûts d'un rôle de leader dont il ne voit pas l'intérêt. Les relations économiques internationales sont pour lui un jeu à somme nulle, dans lequel seule compte la capacité à nouer des *deals* avantageux pour son économie. Le retrait des États-Unis de l'accord de Paris sur le climat, annoncé par Donald Trump le 1er juin 2017, symbolise on ne peut mieux cette volonté de repli du président américain.

Les nouvelles réalités d'une économie mondialisée multipolaire

Ces tensions politiques signifient-elles que la mondialisation aurait créé les conditions de sa fin ? Les menaces de Donald Trump, la progression des discours souverainistes et souvent nationalistes, la défiance croissante vis-à-vis de la finance internationale peuvent le laisser penser. Les années 1930 ont montré à quelle vitesse une guerre commerciale pouvait s'enflammer et les échanges mondiaux s'effondrer. De fait, aucune des institutions internationales existantes n'est immortelle. Au contraire, toutes sont des échanges d'engagements entre États souverains, qui restent libres d'en sortir s'ils le décident. « Où il y a un traité, il y a un canif », disait Talleyrand. Il serait hasardeux de miser sur la résistance intrinsèque des institutions existantes. Leur effondrement reste cependant très improbable, pour deux raisons principales.

La première est qu'un tel retour en arrière serait extrêmement coûteux. Du côté des relations financières internationales, les capitaux à court terme peuvent certes refluer rapidement, mais ce n'est pas le cas des engagements financiers de plus long terme, et encore moins des investissements directs étrangers (dont le stock a dépassé 35 % du PIB mondial en 2016, d'après la CNUCED). La fragmentation internationale des processus productifs n'est pas non plus réversible à court terme, ni sans coût. Or, même pour l'UE prise dans son ensemble, la valeur ajoutée provenant d'importations extra-européennes représentait en moyenne 10 % de la valeur des biens finals produits sur son territoire, et presque un quart dans les produits électroniques et optiques en 2014, par exemple. Les remplacer serait d'autant plus délicat que, même dans un pays comme la France, près du quart des importations manufacturières extra-européennes correspond à des produits qui ne sont pas fabriqués sur le territoire [Jean et Reshef, 2017]. Cette situation n'est d'ailleurs pas seulement le résultat d'engagements réciproques de libéralisation. Beaucoup de pays émergents ont, au contraire, intégré la libéralisation de leurs importations dans leur stratégie commerciale, si bien que les décisions unilatérales de libéralisation expliquent plus de la moitié de la baisse considérable des droits de douane observée depuis le début du siècle [Bureau *et al.*, 2016]. Cela limite d'autant la probabilité qu'ils reviennent en arrière en réponse aux politiques protectionnistes éventuelles de leurs partenaires.

La seconde raison qui rend improbable un effondrement des interactions économiques internationales est que les ressorts de leur intensification ne sont pas tous réversibles. Les technologies de l'information et de la communication et Internet ne disparaîtront pas. Au-delà même de la relative modicité des coûts de transport, qui pourrait être remise en cause si les prix de l'énergie venaient à considérablement augmenter (ce qu'ils ne font pas pour l'instant), cette évolution s'est traduite par une extrême facilité de coordination distante, qui ne concerne pas seulement les entreprises, mais potentiellement tous les ensembles partageant un intérêt ou un objectif commun, qu'il s'agisse de personnes, de villes, de mouvements politiques ou d'organisations non gouvernementales. Les liens internationaux qu'elle tisse sont nombreux et décentralisés, donc résistants.

Il n'en reste pas moins que les bouleversements économiques, politiques et technologiques ont défini une nouvelle réalité, qu'il s'agit de mieux comprendre.

L'économie mondiale est désormais multipolaire

Le monde de la fin des années 1980 était largement dominé économiquement par un nombre limité de pays industrialisés, pour l'essentiel les pays riches membres de l'OCDE. Qu'il s'agisse de PIB aux prix de marché ou d'exportations de marchandises hors énergie et extraction, cet ensemble de pays comptait pour plus de 80 % du total mondial au début des années 1990 (source : CEPII, base de données Chelem). C'est donc presque naturellement que les institutions internationales étaient pour l'essentiel focalisées sur leurs intérêts et leurs interactions, comme cela avait le plus souvent été le cas depuis la fin de la Seconde Guerre mondiale. Politiquement, cet ensemble constituait, comme c'est encore le cas aujourd'hui, un réseau d'alliances autour des États-Unis. À la fin de la guerre froide, ce même groupe de pays n'en apparaît que plus dominant sur la scène mondiale, laissant même accroire à beaucoup d'observateurs en l'avènement d'une « fin de l'histoire » (selon le titre du livre de Francis Fukuyama en 1992), par une évolution inéluctable vers des modes de gouvernement plus libéraux politiquement, si ce n'est économiquement.

En un quart de siècle à peine, les grands équilibres économiques mondiaux se sont profondément transformés. La raison la plus manifeste en est le développement économique fulgurant de la Chine, devenue la première économie mondiale en termes réels (parité de pouvoir d'achat) en 2014. Au-delà, un grand nombre de pays en développement ont émergé au cours de cette période, faisant retomber la part des pays riches membres de l'OCDE à moins de 60 % du total mondial des exportations de marchandises, hors énergie et extraction, comme du PIB courant depuis 2015. Pour comprendre l'économie mondiale comme pour en proposer des principes organisateurs, il n'est désormais plus envisageable d'ignorer les grands émergents. La fin de la domination sans partage des États-Unis et de leurs alliés fait de l'économie mondiale un ensemble multipolaire, dans lequel des puissances importantes interagissent sans qu'aucune n'ait un pouvoir véritablement structurant.

Cette évolution est cependant inégale, les États-Unis ayant conservé une prééminence indéniable dans deux domaines essentiels des relations internationales, la monnaie et la défense. Le rôle du dollar reste central : il constitue, début 2017, 64 % des réserves de change des banques centrales, 88 % des transactions de change le concernent en 2016, et il est utilisé dans la facturation de quasiment toutes les transactions pétrolières. En comparaison, le renminbi chinois ne joue encore qu'un rôle marginal. Il n'est guère utilisé que par la Chine dans la facturation des transactions commerciales internationales. Et même dans ce cas, sa part a décliné depuis la mi-2015 et n'est plus que de 15 % du total mondial. S'il a été intégré le 1er octobre 2016 dans le panier de monnaies composant les droits de tirage spéciaux (DTS) du FMI, il ne constitue que 1 % des réserves de change et n'est concerné que par 4 % des transactions de change en 2016. Le resserrement des contrôles sur les sorties de capitaux chinois n'encourage d'ailleurs pas le développement du rôle international du renminbi, si bien que le dollar reste le pivot incontesté du système monétaire international.

Le retour du risque géopolitique et des logiques de puissance

En matière de défense, la puissance américaine reste également sans rivale. Les dépenses militaires des États-Unis représentent environ 36 % du total mondial en 2016 (611 milliards de dollars, sur un total mondial évalué par l'Institut international de recherche sur la paix de Stockholm (SIPRI) à 1 686 milliards), soit plus que la somme des dépenses des huit autres budgets militaires les plus importants. Cette domination n'est pourtant déjà plus ce qu'elle était dix ans auparavant, quand les dépenses militaires américaines comptaient pour 44 % du total mondial, soit plus que la somme des 23 budgets militaires suivants. De fait, la montée en puissance de la Chine est spectaculaire dans ce domaine également. Ses dépenses militaires ont augmenté de 132 % en dollars constants au cours des dix dernières années, pour se situer au deuxième rang mondial en 2016, à 215 milliards de dollars (source : SIPRI). La Russie, troisième budget militaire en 2016 (70 milliards de dollars), ayant elle aussi doublé ses dépenses en dollars constants en dix ans, le rapport de force est moins disproportionné : le budget américain, qui représentait cinq fois la somme des dépenses de ces deux pays il y a dix ans, n'en représente « plus que » le double. Dans ces conditions, la domination des États-Unis ne peut plus être considérée comme hégémonique et ne leur donne pas les moyens d'imposer leur loi partout. Cela crée les conditions du retour d'une logique de puissance dans laquelle le triangle stratégique Russie-Chine-États-Unis est structurant, débouchant sur des confrontations géopolitiques tendues et parfois violentes, comme l'ont illustré ces dernières années les tensions croissantes en mer de Chine, les conflits géorgien et ukrainien, ou le conflit syrien et l'embrasement du Moyen-Orient.

Si l'existence de tels conflits n'a rien de nouveau, elle survient néanmoins comme une surprise, parce que la domination géopolitique sans partage des États-Unis après la fin de la guerre froide avait « produit un effet d'éviction idéologique des logiques de puissance et de minoration du rôle des États » [Gomart, 2016, p. 12]. Les relations économiques internationales avaient pu sembler s'autonomiser des contraintes politiques, s'appuyant sur un système institutionnel permettant une gouvernance par les règles, dont la création de l'OMC en 1995 était le dernier maillon. L'accession de la Chine à l'OMC en 2001 illustrait bien les ressorts du système en place : les pays riches apportaient des technologies élaborées et des marchés solvables, les émergents offraient de la main-d'œuvre à bas coût et de nouveaux horizons de croissance. La crise économique et financière de 2008-2009 a cassé cet équilibre. Avec en outre le retour à une situation géopolitique plus équilibrée mais aussi plus incertaine, une parenthèse se ferme, et le rôle du politique réapparaît pour ce qu'il a toujours été, à savoir un cadre qui surdétermine les relations économiques internationales. Les sanctions commerciales adoptées par les États-Unis et l'Union européenne à l'encontre de la Russie à la suite du conflit ukrainien ont bruyamment rappelé cette réalité, montrant que les retombées économiques des tensions politiques n'étaient pas l'apanage de pays marginaux sur la scène mondiale.

Le rôle central du numérique

Dans cette recomposition des relations internationales, le numérique joue un rôle central. Économiquement, son potentiel d'innovation et de développement en fait un moteur de croissance de première importance, mais sa répartition est spontanément extrêmement inégalitaire : les coûts marginaux de production et de transport presque nuls ont tendance à concentrer les revenus du numérique entre les mains d'un nombre réduit d'acteurs, créant non seulement des rentes économiques gigantesques, mais également un monopole d'accès à certaines données. Or, politiquement, ces données et les technologies associées sont précieuses ; elles peuvent conditionner le contrôle des espaces communs et la capacité militaire opérationnelle, ainsi que l'autonomie de gestion et la qualité de l'information dans beaucoup d'autres domaines. Pour la gouvernance économique internationale, outre la question déjà mentionnée des investissements dans des entreprises de haute technologie, les enjeux sont multiples. Les États-Unis, forts d'une avance incontestable en matière de technologie et de capacité d'innovation, cherchent à la projeter à l'échelle mondiale, en s'appuyant sur l'absence de contraintes de localisation et sur la libre circulation internationale des données (*free flow of data*), modèle qu'ils avaient d'ailleurs imposé dans l'accord du partenariat transpacifique, dont ils se sont finalement retirés. Si les Européens sont d'accord sur le principe de libre circulation, cette stratégie est pour eux un défi à trois égards au moins : elle ne doit pas mettre en danger la protection des données personnelles, actuellement assurée par l'accord dit de « bouclier vie privée UE-États-Unis » (*EU-US Privacy Shield*) ; elle ne doit pas imposer aux Européens des situations d'abus de position dominante de la part des entreprises américaines, contre lesquelles leur politique de la concurrence a vocation à lutter, comme l'ont notamment illustré les enquêtes et sanctions de la Commission européenne contre Microsoft et Google ; enfin, elle met à nu l'impréparation de l'UE, alors que le marché européen reste très fragmenté, malgré les discussions en cours depuis deux ans déjà sur le « marché unique numérique ». Pour la Chine et la Russie, le principe même de libre circulation est inacceptable, et l'importance des enjeux appelle un contrôle politique étroit, qui se traduit par un filtrage des échanges de données (« pare-feu » national, notamment) et par des contraintes sur la localisation des données. Dans le cas de la Chine, en particulier, cette politique a permis le développement d'un écosystème propre, dont les entreprises dominantes (Alibaba, Tencent, Baidu notamment) sont les seules comparables en taille aux champions américains, même si elles sont jusqu'ici restées principalement centrées sur la Chine. Les controverses autour de la cybersécurité, qu'il s'agisse d'accusations réciproques d'espionnage industriel entre la Chine et les États-Unis ou des soupçons d'ingérence russe dans les processus électoraux des démocraties occidentales, montrent par ailleurs l'importance que prend le numérique comme vecteur direct d'influence et parfois de confrontation.

Institutions : « votre mise à jour s'est interrompue »

L'ampleur des changements à l'œuvre laisse peu de doute sur la nécessité de mettre à jour un cadre institutionnel international hérité pour l'essentiel de la fin de la Seconde Guerre mondiale. On a pu croire un moment qu'une telle mise à jour était amorcée, avec le lancement du cycle de négociations commerciales multilatérales de Doha en novembre 2001, la coordination entre leaders du G20 instituée en 2008 ou le projet de réforme de la gouvernance du FMI négocié en 2010. Ces amorces ont fait long feu. Le G20 reste un lieu utile de coordination au plus haut niveau, et dans le meilleur des cas d'affichage d'une volonté politique partagée, mais ce n'est pas une instance de gouvernance des relations internationales. Les négociations commerciales ont tourné court en 2008 et n'ont plus depuis semblé à même de produire un résultat substantiel, même si des accords limités ont été signés. La réforme du FMI a été bloquée cinq ans par le Congrès américain, alors même que son ambition restait très limitée au regard des évolutions économiques. Cette inertie crée une grande frustration. Dans le domaine commercial, elle alimente une rancœur des pays anciennement industrialisés vis-à-vis de la Chine, considérée comme refusant de prendre les engagements et les responsabilités inhérents à son nouveau rang de superpuissance commerciale. Dans les domaines monétaire et financier, les émergents jugent incompréhensible que les institutions de Bretton Woods restent pour l'essentiel contrôlées par les Américains et les Européens. La création de la Nouvelle Banque de développement, dite « Banque des BRICS », en 2015, et surtout le lancement par la Chine de la Banque asiatique d'investissement pour les infrastructures sont des signaux clairs à cet égard : si les institutions ne sont pas adaptées, les grands émergents, et tout particulièrement la Chine, en créeront de nouvelles, à leur main. Au fond, la réforme des institutions est plus difficile encore que la création de nouvelles, car il s'en trouve toujours parmi les acteurs de poids qui s'accommodent très bien de l'existant.

Un destin commun, des réponses distinctes

Ces blocages sont inquiétants car, n'en déplaise à Donald Trump et à ses conseillers, les interactions internationales ont déjà créé une communauté de destin. Le changement climatique en est l'exemple le plus évident et le plus alarmant, l'effet de serre représentant une externalité pure : en la matière, les effets des comportements individuels ne sont ressentis qu'au niveau global. La fiscalité l'illustre également, puisque la lutte contre l'optimisation fiscale des multinationales n'est possible que si les grandes puissances se mettent d'accord sur un certain nombre de règles (voir chapitre III). Et beaucoup d'autres sujets mériteraient d'être cités, comme la biodiversité, l'innovation, les retombées des conflits armées ou la lutte contre les épidémies. En l'absence d'une réponse coordonnée par la réforme des institutions, les principaux acteurs développent chacun leur approche.

Pour les États-Unis, c'est la tentation du repli qui domine. Le retrait de l'accord de Paris symbolise le refus de l'administration Trump d'assumer des responsabilités pour des problèmes globaux jugés trop éloignés des intérêts immédiats du pays, quand ils ne sont pas tout simplement ignorés. Dans cette approche transactionnelle, la coopération n'est pas source de gains, seule la confrontation fonctionne. S'il n'est plus possible d'organiser la mondialisation, il faut se concentrer sur ses propres intérêts, s'isoler lorsque cela est possible et profiter du rapport de force favorable le cas échéant.

Les Européens, au contraire, continuent à défendre une concurrence ouverte mais encadrée par des règles en cohérence avec les principes de la construction européenne. Sur le climat, l'investissement international, les marchés publics ou les conflits commerciaux, l'Union européenne multiplie les propositions d'accords multilatéraux, même si celles-ci ne trouvent pas toujours un écho favorable auprès de ses partenaires.

L'attitude chinoise, enfin, est caractérisée par le pragmatisme. Elle est attachée à la défense d'un système commercial qui lui profite, comme l'a illustré abondamment le discours de Xi Jinping à Davos en janvier 2017, mais tarde à offrir une véritable réciprocité dans l'accès au marché, qu'il s'agisse d'importations ou d'investissements directs. Elle veut une réponse coordonnée et active au défi climatique, mais considère intangibles la souveraineté et l'indépendance des nations, tout comme la spécificité des valeurs de chacune. Enfin, elle cherche à projeter sa puissance économique dans le monde pour assurer ses approvisionnements et ses débouchés tout en développant une économie de l'innovation. Dans cette optique, l'initiative dite des « routes de la soie » (*One Belt, One Road*) tient une importance centrale dans son approche de la mondialisation. Son ambition inouïe (4 000 milliards de dollars d'investissement sont évoqués à terme), son horizon long, sa focalisation sur les infrastructures plutôt que les règles (le *hardware* plutôt que le *software* de la mondialisation) en font un projet potentiellement structurant pour les relations économiques internationales des années à venir.

La démondialisation n'aura pas lieu, mais une mondialisation harmonieuse reste largement une illusion, tant les antagonismes d'intérêts et les différences d'approches sont grands, même si l'on peut déceler certaines convergences, comme celles des États-Unis et de l'Europe sur les questions géopolitiques et la promotion de la démocratie, celles de l'Europe et de la Chine sur la lutte contre le changement climatique, ou celles de la Chine et de la Russie sur la volonté de contrebalancer l'influence américaine. Une ère de grande incertitude s'ouvre donc, marquée par une interaction étroite entre l'économique et le politique, entre des règles contestées et des rapports de force disputés. Le système actuel est jugé inefficace par son leader, insuffisant par son principal supporteur et injuste par la puissance montante ; sa réforme s'avérant impossible pour l'instant, la communauté mondiale devra s'en accommoder pour faire face à un destin désormais largement commun.

Repères bibliographiques

BUREAU J.-C., HOUSSEIN G. et JEAN S. [2016], « Competing liberalizations : tariffs and trade in the 21st century », *CEPII Working Paper*, décembre.

CARUANA J. [2017], « Have we passed "peak finance"? », BRI, Lecture at the International Center for Monetary and Banking Studies, Genève, 28 février. http://www.bis.org/speeches/sp170228.pdf.

COHN G. D. et MC MASTER H.R. [2017], « America first doesn't mean America alone », *The Wall Street Journal*, 30 mai.

CZAIKA M. et DE HAAS H. [2015], « The globalization of migration : has the world become more migratory ? », *International Migration Review* (48), p. 283-323.

FMI [2012], « The liberalization and management of capital flows : an institutional view », *Policy Paper*.

— [2016], *Global Financial Stability Report – Potent Policies for a Successful Normalization*, avril.

GOMART T. [2016], « Le retour du risque géopolitique. Le triangle stratégique Russie, Chine, États-Unis », *Les Notes de l'Institut*, Institut de l'entreprise et IFRI.

JEAN S. [2017], « Le ralentissement du commerce mondial : une rupture structurelle porteuse d'incertitudes », *Question d'Europe*, n° 421, fondation Robert Schuman, http://www.robert-schuman.eu/fr/doc/questions-d-europe/qe-421-fr.pdf.

— [2017], « Faut-il craindre le retour du protectionnisme ? », *L'Économie internationale en campagne*, CEPII, billet du 24 janvier 2017

JEAN S. et RESHEF A. [2017], « Why trade, and what would be the consequences of protectionism ? », *Rapport pour le Parlement européen*, mai.

RESHEF A. [2017], « Pourquoi de si hauts salaires dans la finance ? », *La Lettre du CEPII*, n° 378, juin 2017.

— [2017], « À quoi tient la progression des salaires dans la finance ? », *L'Économie internationale en campagne*, CEPII, billet du 18 avril.

V/ Brexit : quel coût pour le Royaume-Uni ? Quel coût pour l'Europe ?

*Vincent Vicard**

Le « oui » au référendum sur la sortie du Royaume-Uni de l'Union européenne du 23 juin 2016 a ouvert une période d'incertitude : incertitude sur l'avenir de l'économie britannique, incertitude sur sa relation avec ses partenaires de l'Union européenne. Près de neuf mois auront été nécessaires pour que la lettre de notification de Theresa May, adressée au président du Conseil européen, Donald Tusk, le 29 mars 2017, éclaircisse le calendrier des négociations et les positions des parties en présence. En accord avec l'article 50 du traité de l'Union européenne, la notification du gouvernement britannique ouvre une période de deux ans pour conclure les négociations de sortie. Un accord définitif devra donc être trouvé plusieurs mois avant mars 2019 pour permettre sa ratification par les parlements nationaux des pays membres.

Ces quelques mois de délai auront eu le mérite de mettre en évidence l'étendue de l'intégration européenne, dont l'action se fait sentir bien au-delà du domaine commercial, et la complexité des négociations à venir, dont le premier objectif sera le détricotage des relations complexes liées à l'appartenance à l'Union européenne. L'article 50 encadre en effet les modalités de sortie de l'UE, mais ne fixe pas de cadre pour la conclusion d'un

* Vincent Vicard est économiste au CEPII, responsable du programme scientifique Analyse du commerce international.

nouvel accord d'association, dont la négociation et les contours sont soumis à l'agenda fixé par les négociateurs. De l'issue de ces négociations dépendront ainsi les futures relations économiques entre le Royaume-Uni et ses partenaires européens, et les coûts réels associés au Brexit.

Si les prévisions parfois catastrophistes d'effondrement de l'économie britannique au lendemain du référendum ne se sont pas réalisées, il n'en reste pas moins que le Brexit impliquera à terme des pertes économiques certaines, qui peuvent d'ores et déjà être estimées. Ces pertes sont principalement liées à la réduction des échanges qu'entraînera la sortie du marché unique, l'UE étant avant tout, dans sa dimension économique, un processus d'intégration des marchés nationaux favorisant le commerce et une meilleure allocation des ressources entre les pays membres. Analyser les conséquences économiques du Brexit soulève ainsi plusieurs questions : quels contours se dessinent pour le futur accord d'association entre le Royaume-Uni et l'UE ? Quels impacts attendre ? Sur le commerce international ? Sur le revenu des Britanniques et celui des Européens ?

L'Union européenne : bien plus qu'un accord commercial classique

L'Union européenne ne s'apparente pas, dans ses aspects commerciaux, à un accord régional comme les autres. Créée sous la forme d'une union douanière par le traité de Rome signé le 25 mars 1957, la Communauté économique européenne s'est par la suite élargie à de nouveaux pays membres, dont le Royaume-Uni en 1973, et approfondie par l'établissement d'un marché intérieur commun et la délégation de certaines politiques économiques au niveau européen. L'Acte unique européen, signé en 1986, en a constitué une étape importante, puisqu'il prévoyait l'achèvement fin 1992 du marché unique garantissant les quatre libertés à la base du processus d'intégration : libre circulation des marchandises, des services, des personnes et des capitaux.

La première de ces libertés vise désormais surtout à réduire les barrières non tarifaires aux échanges de marchandises, qui représentent des obstacles au commerce bien plus importants que les traditionnels droits de douane, aujourd'hui à des niveaux faibles. Au-delà des processus d'harmonisation européens, la reconnaissance mutuelle des normes, qui autorise toute entreprise d'un pays membre se conformant aux normes et standards de son État d'origine à vendre sur l'ensemble du territoire de l'UE, réduit ainsi drastiquement les coûts supportés par les entreprises exportatrices au sein du marché unique. De la même manière, l'abolition des formalités douanières à la frontière, en réduisant à la fois le coût, l'incertitude et le temps de passage aux frontières intra-européennes, facilite le commerce entre pays membres.

Dans les services, une série de directives ont plus graduellement réduit les barrières à l'entrée et ouvert les marchés nationaux aux entreprises des autres pays membres. Par exemple, dans le secteur des services financiers, la création d'un passeport européen a ainsi permis à des sociétés agréées par l'autorité d'un pays membre d'exercer leur activité dans l'ensemble de l'UE, sans nécessairement s'installer dans chaque pays.

Par ailleurs, les autres libertés, et notamment la liberté d'établissement pour les entreprises sur l'ensemble du territoire de l'UE, facilitent les investissements directs étrangers et l'émergence de chaînes internationales de valeur au sein de l'espace européen, participant ainsi à l'essor des échanges de biens et services utilisés à des stades intermédiaires de la production d'un bien final. La production des avions d'Airbus, partagée entre les sites de Hambourg et Brême en Allemagne, de Getafe, Illescas et Puerto Real en Espagne, de Toulouse, Saint-Nazaire et Nantes en France, et de Filton au Royaume-Uni, est l'illustration de ce fractionnement des processus de production, facilité par les règles du marché unique.

L'ensemble de ces dispositions dépasse largement l'étendue et l'ambition des accords commerciaux régionaux classiques. Ceux-ci prennent généralement la forme d'une zone de libre-échange, visant principalement à libéraliser le commerce par la réduction des droits de douane entre pays membres. Si les accords récents incluent de plus en plus de mesures « au-delà de la frontière », traitant des échanges de services, de la facilitation des formalités douanières, de la protection des droits de propriété intellectuelle ou des investissements, ils ne fournissent pas le degré d'accès au marché des pays partenaires que l'appartenance au marché unique confère aux entreprises des États membres. Le marché unique crée ainsi près de trois fois plus de commerce entre pays membres que ne le ferait un accord commercial régional classique [Mayer *et al.*, 2017]. Et ceci pour le commerce de marchandises comme pour le commerce de services, même si l'intégration des marchés de services européens reste en retrait par rapport à celle des marchés de biens. Si le rôle des réglementations apparaît évident pour les services, il revêt également une importance primordiale pour l'industrie. La simple élimination des droits de douane, commune à tous les types d'accords commerciaux et dont le niveau est dorénavant faible dans la plupart des pays, ne peut expliquer à elle seule l'ampleur de la création de commerce au sein de l'UE. La spécificité du marché unique tient ainsi bien à la réduction des barrières non tarifaires aux échanges, qui représentent aujourd'hui la majorité des coûts supportés par les exportateurs, par exemple par l'abolition des formalités douanières ou la reconnaissance mutuelle des normes permettant notamment d'éliminer les coûts de certification.

Quel scénario pour l'après-Brexit ?

La sortie du Royaume-Uni du marché unique impliquera donc le rétablissement de barrières aux échanges avec les 27 pays membres restants. L'ampleur de ces nouvelles barrières et le coût qui leur sera associé dépendront du nouveau cadre institutionnel qui régira les futures relations commerciales du Royaume-Uni avec ses partenaires de l'UE.

Après une période d'incertitude initiale dans les mois qui ont suivi le référendum, les éléments de négociation avancés par les deux partis, s'ils ne permettent pas de dégager le profil exact de l'accord qui pourrait se dessiner, éliminent dès à présent plusieurs alternatives. Parmi elles, celles correspondant aux modalités d'accès au marché européen des voisins immédiats de l'UE : une union douanière sur le modèle de la Turquie, une participation totale au marché unique, sur le modèle de l'Espace économique européen (associant les pays de l'UE à l'Islande, à la Norvège et au Liechtenstein), ou « à la carte », sur le modèle des accords bilatéraux entre l'UE et la Suisse.

Du côté européen, la réaffirmation de l'indivisibilité des quatre libertés garanties par l'UE empêche d'envisager une participation partielle, limitée à certains secteurs ou certaines dispositions, au marché unique [Conseil européen, 2017]. Dans ces conditions, la volonté affichée par le gouvernement de Theresa May de limiter la libre circulation des Européens sur le sol britannique et de sortir de la juridiction de la Cour européenne de justice implique la non-participation aux autres dimensions du marché unique (biens et services). Le Royaume-Uni sera dès lors considéré comme un pays tiers, bénéficiant d'un accès au marché unique mais n'en étant pas membre. Dans le domaine des services financiers, si important pour la City, cela se traduira par la perte du passeport européen permettant aux établissements financiers britanniques d'exercer dans toute l'Union.

Par ailleurs, la volonté affirmée de récupérer la souveraineté britannique sur la politique commerciale, et notamment la capacité à signer des accords commerciaux avec d'autres pays, nécessite de sortir de l'union douanière. La participation à une union douanière suppose en effet d'accepter une politique commerciale commune vis-à-vis du reste du monde, tant dans la fixation des droits de douane que dans la négociation d'accords commerciaux régionaux avec des pays tiers, politique dévolue à la Commission européenne. La sortie de l'union douanière entraînera le rétablissement de contrôles douaniers à la frontière, facteurs de coûts additionnels pour les exportateurs. Le rétablissement d'une frontière physique entre le Royaume-Uni et les pays de l'UE pourrait se révéler particulièrement coûteux (au moins commercialement) pour l'Irlande du Nord, qui se retrouvera isolée du seul pays avec lequel elle partage une frontière terrestre, l'Irlande.

C'est donc vers un accord commercial global plus classique que les négociateurs devraient se diriger, global dans le sens où il intégrerait, au-delà du commerce de marchandises, des aspects relatifs au commerce de services, aux règles d'attribution des marchés publics ou au respect de la propriété intellectuelle, comme cela est le cas des accords récemment signés par l'UE (accord avec la Corée du Sud signé en 2011, accord économique et commercial global (AECG) signé en 2016 avec le Canada). De tels accords, plus approfondis que de simples zones de libre-échange de marchandises, répondent à la nécessité de sécuriser davantage les chaînes de valeur internationales, qui ont complexifié les relations commerciales entre pays [Baldwin, 2014], mais restent en retrait du degré d'intégration du marché unique. N'étant pas une union douanière, un accord commercial global implique par ailleurs l'instauration de règles d'origine (coûteuses pour les exportateurs), afin que seuls les produits en provenance du Royaume-Uni et d'origine britannique bénéficient d'un accès libre de droits de douane aux marchés des pays membres de l'UE, et réciproquement pour les produits en provenance de l'Union européenne sur le marché britannique.

Dans tous les cas, la négociation et la mise en œuvre d'un tel accord global pourraient prendre plusieurs années : les négociations de l'AECG ont en effet débuté en 2009, elles ont été conclues en 2014 et le texte a finalement été signé en 2016, soit sept ans après l'entame des négociations ; l'accord avec la Corée du Sud aura pour sa part nécessité huit ans entre le début des négociations et son entrée en vigueur. La négociation d'une période de transition permettant de sécuriser les décisions des entreprises apparaît alors nécessaire, en parallèle avec la définition d'un cadre commun de coopération future.

En cas d'absence d'accord, scénario qu'il n'est pas possible d'exclure *a priori*, étant donné la complexité des sujets en jeu et les contraintes sur les délais de négociation, les relations commerciales entre le Royaume-Uni et l'UE seraient soumises aux règles de l'Organisation mondiale du commerce (OMC). Étant signataire des accords du GATT de 1948, le Royaume-Uni est membre de l'OMC, de sorte qu'il n'existe pas de risque d'une augmentation forte des droits de douane appliqués aux exportations ou aux importations britanniques. En vertu du principe de la clause de la nation la plus favorisée, les droits de douane sur les importations de l'UE depuis le Royaume-Uni et, réciproquement, sur les exportations de l'UE vers le Royaume-Uni seront similaires à ceux que l'UE et le Royaume-Uni appliquent aux autres membres de l'OMC, aux États-Unis ou à la Chine par exemple.

Le Royaume-Uni devra dans tous les cas redéfinir ses « listes de concessions », qui fixent les concessions tarifaires et autres engagements pris par le pays envers ses partenaires de l'OMC lorsqu'il était membre de l'UE : soit en dupliquant celles de l'UE, soit en renégociant des engagements spécifiques. Une fois précisées, ces listes de concessions seront soumises à l'approbation des membres de l'OMC. Compte tenu de l'encadrement des droits de douane par l'OMC, leur niveau ne devrait pas dépasser le niveau moyen appliqué par l'UE aux importations depuis le reste du monde, soit une moyenne de 3,1 % avec une très forte hétérogénéité entre secteurs, dont le détail reste incertain [Emlinger *et al.*, 2016]. S'ajoutera à cela la nécessaire renégociation des centaines d'accords existants, notamment ceux associant l'UE à des pays tiers (Turquie, Corée du Sud, Canada, etc.), ce qui présage une intense activité de négociations commerciales pour les autorités britanniques.

Des liens économiques étroits entre le Royaume-Uni et les pays membres de l'Union européenne

Le volume des échanges croisés de biens et de services entre le Royaume-Uni et l'Union européenne traduit l'intensité des liens économiques qui les unissent. L'UE est de loin le principal partenaire commercial du Royaume-Uni : 42 % des exportations britanniques sont à destination de ses partenaires européens et 56 % de ses importations en proviennent (tableau 1). Une part importante de l'économie britannique est ainsi liée à ses échanges avec l'UE : les exportations représentent 12 % du PIB britannique et les importations 16 %.

Si le commerce de biens reste dominant, les services représentent plus du tiers des échanges entre les deux zones, reflétant en cela la spécialisation de l'économie britannique dans les services en général et les services financiers en particulier. L'excédent dans les échanges de services compense ainsi en partie le déficit de la balance commerciale de marchandises avec l'UE. Outre l'industrie financière, l'industrie chimique et les filières automobile et mécanique représentent une part significative du commerce entre les deux zones. Ces secteurs sont ainsi particulièrement exposés au risque de remontée des barrières commerciales, consécutive à la sortie du marché unique.

Cette exposition est d'autant plus importante que ces secteurs sont intégrés dans des chaînes internationales de production. L'importance des flux croisés d'exportation et d'importation au sein d'un même secteur souligne en effet l'importance des pièces ou composants importés incorporés à la production nationale. L'accès facilité à des biens intermédiaires produits à l'étranger est ainsi partie prenante de la compétitivité des entreprises ; les barrières commerciales sont susceptibles de peser sur les performances à l'exportation, non seulement directement en réduisant l'accès aux consommateurs étrangers, particuliers ou entreprises, mais également indirectement en augmentant le prix des consommations intermédiaires. Les multiples passages de frontière d'un même composant à différents stades de la production rendent ainsi ces chaînes internationales de valeur particulièrement sensibles à un relèvement des barrières

Tableau 1. **Commerce entre le Royaume-Uni et l'Union européenne en 2015**

Commerce du Royaume-Uni avec l'Union européenne					
	Part de l'Union européenne (en %)		**En % du PIB**		
	Exportations	Importations	Exportations	Importations	Solde
Total	42	56	12,0	15,8	– 3,8
Biens	44	58	7,2	12,2	– 4,9
dont : Industrie chimique	52	73	1,6	2,3	– 0,7
Mécanique	38	59	1,1	1,5	– 0,4
Véhicules	48	85	0,9	2,4	– 1,5
Services	39	49	4,8	3,6	1,1
dont : Services financiers*	41	36	1,2	0,2	1,0

Commerce de l'Union européenne avec le Royaume-Uni					
	Part du Royaume-Uni (en %)		**En % du PIB**		
	Exportations	Importations	Exportations	Importations	Solde
Total	7	5	3,3	2,2	1,1
Biens	7	4	2,1	1,3	0,9
dont : Industrie chimique	52	73	1,6	2,3	– 0,7
Mécanique	5	4	0,3	0,2	0,1
Véhicules	11	5	0,4	0,2	0,3
Services	8	8	1,2	1,0	0,0
Dont : Services financiers	11	15	0,2	0,1	0,0

* Données 2014.

Sources : CEPII, base de données Chelem, pour les biens ; WTO-UNCTAD-ITC, Annual Trade in Services Dataset, pour les services.

au commerce, en en démultipliant le coût pour les secteurs concernés.

Les relations commerciales entre le Royaume-Uni et l'UE se caractérisent aussi par leur profonde asymétrie. De par sa taille économique, l'UE est un partenaire important du Royaume-Uni, tandis que l'ouverture des économies européennes au commerce avec le Royaume-Uni est significative mais d'ampleur limitée : les exportations de biens et services à destination du Royaume-Uni représentent ainsi seulement 3,3 % du PIB de l'UE (2,2 %

pour les importations). Cette asymétrie revêt une importance particulière pour l'analyse des coûts du Brexit, mais également dans l'appréhension des rapports de force dans les négociations à venir. Si cette dépendance est faible au niveau de l'UE dans son ensemble, certains pays, et en premier lieu l'Irlande, font exception du fait de leur proximité géographique et historique avec le Royaume-Uni.

L'intensité des échanges au sein de l'UE résulte du processus d'intégration économique européen des dernières décennies, mais reflète également le rôle fondamental de la géographie dans les échanges mondiaux. On observe que le commerce entre deux pays augmente avec leur poids économique et diminue avec la distance qui les sépare, de sorte que, lorsque la distance double, le commerce est divisé par deux. Les économistes expriment cette relation simple entre intensité des échanges et taille et distance par l'équation de gravité appliquée au commerce. Ces deux variables prédisent particulièrement bien la géographie du commerce mondial ; la distance ne doit cependant pas être considérée ici comme reflétant uniquement les coûts de transport entre pays mais comme étant également associée à des différences culturelles, linguistiques ou institutionnelles, se traduisant par des coûts additionnels. Cette tyrannie de la distance implique que, même après le Brexit et la disparition de l'accès préférentiel au marché unique, les pays du continent européen resteront les partenaires naturels des Britanniques. La signature d'accords commerciaux avec des pays tiers, plus éloignés géographiquement, ne pourra donc compenser que partiellement la réduction du commerce avec les pays de l'UE.

Une estimation de l'impact du Brexit sur le commerce...

Comment mesurer l'impact du Brexit sur le commerce ? Deux éléments sont nécessaires pour cela : d'une part, une estimation des barrières au commerce induites par la sortie de l'UE et, d'autre part, un cadre théorique pour traduire ces nouveaux coûts en termes de flux d'exportations, d'importations et d'ouverture commerciale du Royaume-Uni vis-à-vis de l'ensemble de ses partenaires. S'il est difficile d'estimer de manière précise quels coûts au commerce vont augmenter et dans quels secteurs, notamment pour ce qui concerne les barrières réglementaires, il est possible d'estimer l'impact que l'Union européenne a eu sur le commerce entre pays membres lors de leur entrée et/ou de la mise en place de ses différentes composantes (union douanière, marché unique, espace Schengen, zone euro). À partir de là, nous pouvons faire l'exercice contrefactuel inverse en considérant que le commerce supplémentaire créé au moment de l'entrée dans l'UE devrait disparaître en cas de sortie.

Il s'agit alors de reconstituer un monde dans lequel le Royaume-Uni ne fera plus partie de l'UE, en recalculant les flux commerciaux (hypothétiques) dans un tel scénario. L'équation de gravité, qui relie les flux commerciaux entre deux pays à leur taille économique, la distance et les coûts au commerce (coûts de transport, droits de douane, barrières légales, réglementaires et linguistiques, différences de monnaie...), et aux indices de prix qui mesurent le degré de concurrence sur un marché donné, fournit un cadre théorique permettant de réaliser un tel exercice contrefactuel.

Pour les pays européens, l'accès au marché britannique sera rendu plus difficile par l'instauration de nouveaux obstacles aux échanges, tandis que les pays hors de l'Union auront plus de facilité à vendre leurs produits aux consommateurs britanniques, puisque les exportateurs européens feront face à des coûts supplémentaires du fait du Brexit. Le commerce du Royaume-Uni avec les pays hors UE devrait ainsi augmenter, compensant en partie les pertes liées à la sortie du marché unique.

Dans le cas où le Royaume-Uni et l'UE s'accorderaient sur un accord commercial classique après le Brexit, on peut estimer qu'à long terme le commerce extérieur britannique diminuera de 36 % avec l'UE et augmentera de 12 % avec le reste du monde, de sorte que son commerce total diminuera de 14 % [Mayer *et al.*, 2017]. Les pays restant membres de l'UE verraient quant à eux leur commerce diminuer de seulement 1,4 % en moyenne.

... et sur le PIB

Estimer l'impact du Brexit sur le PIB, par le canal du commerce, nécessite de traduire en termes d'efficacité d'allocation des ressources la diminution des flux commerciaux décrite ci-dessus. La littérature académique a justement montré récemment qu'une telle quantification était possible à partir de la plupart des modèles de commerce standard et dépendait directement des taux d'ouverture au commerce observés avant et après le

Brexit [Costinot et Rodriguez-Clare, 2014]. L'intuition est la suivante : plus une hausse des barrières au commerce entraîne une augmentation de la consommation de produits nationaux au détriment de produits étrangers, et plus ces barrières nécessiteront d'utiliser des facteurs de production pour produire sur le territoire national des biens auparavant produits de manière moins coûteuse à l'étranger, générant ainsi une perte d'efficacité. Du fait de leur moindre ouverture aux échanges, les grands pays seront donc par nature moins affectés par un relèvement des barrières aux échanges.

Dans le scénario où le Royaume-Uni et l'UE s'accorderaient sur un accord commercial classique après le Brexit, la perte ainsi estimée serait substantielle pour le Royaume-Uni : son PIB serait réduit de 1,8 % de manière permanente (graphique 1), soit près de 1 500 euros par an par ménage. Les partenaires du Royaume-Uni seraient naturellement beaucoup moins affectés : les pertes seraient de l'ordre de 0,3 % du PIB en moyenne pour les pays de l'UE. La France et l'Allemagne, en tant que grands pays, subiraient une perte légèrement plus faible (0,2 % de leur PIB). Du fait de l'intensité de ses liens commerciaux avec le Royaume-Uni et de sa forte ouverture commerciale, l'Irlande serait le pays européen le plus touché, avec un impact aussi important que pour le Royaume-Uni lui-même.

Graphique 1. **Coût du Brexit sur le PIB selon le scénario post-Brexit**
(en %)

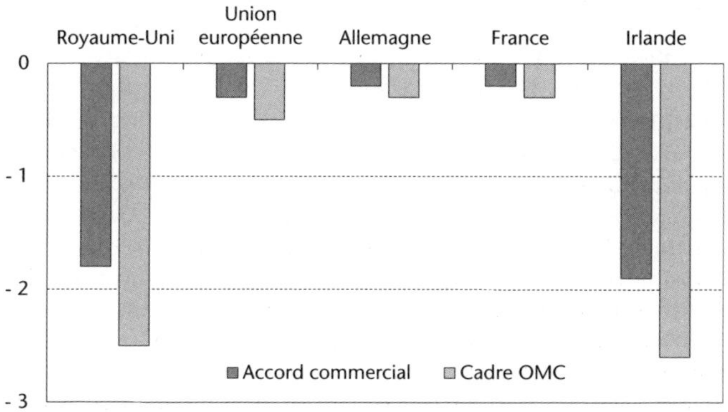

Source : Mayer *et al.* [2017].

Il est également possible d'estimer l'impact d'un scénario plus dur où les négociations n'aboutiraient pas à la conclusion d'un nouvel accord commercial. Dans ce cas, les relations commerciales entre le Royaume-Uni et les pays de l'UE seraient encadrées par les règles de l'OMC, impliquant notamment le rétablissement des droits de douane appliqués à l'ensemble des pays membres de l'OMC. Les pertes seraient alors plus élevées, de l'ordre de 2,5 % du PIB britannique et de 0,5 % en moyenne pour les pays de l'UE. L'absence d'accord serait donc plus dommageable pour le Royaume-Uni (écart de 0,7 point de PIB) que pour les pays de l'UE (écart de 0,2 point de PIB).

Ces évaluations fournissent des ordres de grandeur des coûts potentiels à long terme du Brexit liés à une dimension fondamentale de l'intégration européenne, le marché unique et l'intensification des échanges entre pays membres, que ce processus a favorisée. Un tel exercice est évidemment par nature circonscrit : seuls les coûts statiques liés à la réduction du commerce avec l'UE sont estimés. Or le Brexit aura aussi pour conséquence de réduire les flux migratoires, les flux de capitaux et les contributions aux différentes composantes du budget communautaire. Les effets de la renationalisation des politiques économiques mises en commun au sein de l'UE (politique commerciale, de concurrence, politique agricole commune...) n'ont pas non plus été pris en compte dans cet exercice.

Le vote en faveur du Brexit s'inscrit dans un moment politique, celui d'un large mouvement de défiance envers la mondialisation qui déborde les frontières du Royaume-Uni, dont l'élection de Donald Trump à la présidence des États-Unis est une autre manifestation. Au-delà des questions de répartition des gains aux échanges et d'inégalités souvent évoquées dans ce contexte, cette contestation du processus de libéralisation commerciale reflète également la tension qui existe entre l'approfondissement de la mondialisation et la capacité à décider souverainement des politiques économiques dans un système démocratique. Les barrières non tarifaires aux échanges sont en effet intrinsèquement liées à l'existence de juridictions (tribunaux, autorités administratives, etc.) différentes selon les États ; leur réduction implique ainsi dans un certain nombre de cas l'harmonisation ou la reconnaissance commune de règles, dont la définition ne peut dès lors plus relever du seul choix collectif national. L'appartenance à l'Union européenne, certainement l'accord commercial le plus intégré au monde, dépasse ainsi le cadre strictement économique et nécessite de contraindre certaines politiques nationales des pays membres, dont les préférences collectives restent pourtant différentes. Ces contraintes sur les choix collectifs nationaux, inhérentes à l'approfondissement de l'intégration économique, ont un coût et questionnent alors la légitimité des instances de décision supranationales qui peuvent devenir le réceptacle d'une défiance plus large envers la mondialisation.

Repères bibliographiques

BALDWIN R. [2014], « Multilateralising 21st century regionalism », *Vox-EU*, 20 janvier.

CONSEIL EUROPÉEN [2017], « Réunion extraordinaire du Conseil européen (article 50) – Orientations », secrétariat général du Conseil, 29 avril.

COSTINOT A. et RODRIGUEZ-CLARE A. [2014], « Trade theory with numbers : quantifying the consequences of globalization », dans Helpman E. (dir.), *Handbook of International Economics*, Elsevier, vol. 4.

EMLINGER C., GUIMBARD H., SAINT VAULRY A. et ÜNAL D. [2016], « Les Profils Pays du CEPII : indicateurs, bases et nomenclatures », *Panorama du CEPII*, n° 2016-02.

MAYER T., VICARD V. et ZIGNAGO S. [2017], « The cost of non-Europe revisited », mimeo (https://sites.google.com/site/vicardv/home).

VI/Mondialisation et technologie : créatrices ou destructrices d'emploi ?

*Ariell Reshef et Farid Toubal**

En dépit de la récession qui a suivi la crise de 2007, le PIB mondial a plus que doublé depuis 1990. Cette forte croissance s'explique en partie par le rattrapage de la Chine et d'autres grands pays émergents, mais également par des progrès technologiques extraordinaires, notamment dans les domaines de la communication et de l'information. C'est à cet égard une période de changements majeurs pour les pays industrialisés, car à mesure qu'apparaissent de nouveaux produits et de nouvelles industries, d'autres secteurs doivent s'adapter ou périclitent.

Si la mondialisation et le progrès technologique font des gagnants qui bénéficient de nouvelles opportunités d'emplois et d'un choix plus large de consommation, ils font aussi des perdants, en proie à un sentiment d'impuissance et d'insécurité. Ces peurs font le lit des populismes actuels, dont les projets de fermeture et de repli risquent pourtant d'aggraver la situation des plus fragiles. Alors que, à la fin du XIXe siècle, le progrès technique était accusé de remplacer l'homme par la machine, c'est aujourd'hui la mondialisation qui est jugée coupable de détruire des emplois. Ces destructions d'emplois seraient-elles moindres sans la mondialisation des échanges ? Cela n'est pas si

* Ariell Reshef est conseiller scientifique au CEPII et directeur de recherche CNRS à l'université Paris 1 Panthéon-Sorbonne. Farid Toubal est conseiller scientifique au CEPII et professeur à l'ENS Cachan.

sûr car l'adoption de nouvelles technologies, la numérisation ou l'automatisation dans l'industrie, en améliorant la productivité, permettent de produire plus avec moins de travailleurs et, ce faisant, transforment la structure de l'emploi.

Le fait est cependant que progrès technologique et mondialisation se renforcent mutuellement. La baisse des coûts des technologies de l'information et de la communication, en accélérant la division internationale des processus productifs et donc du travail, peut avoir eu des conséquences sur l'emploi et les inégalités, tout comme l'apparition du *World Wide Web* en 1992, qui a contribué au renforcement des spécialisations de certaines économies dans les industries de services.

À l'heure d'une profonde remise en question de la mondialisation et d'un retour en force des thèses protectionnistes, quel bilan peut-on dresser des effets de la technologie et de la mondialisation sur l'emploi ? L'emploi est-il amené, avec le progrès technique, à disparaître ?

Le progrès technologique et l'emploi : vieux débat, nouvelles tendances

Les craintes suscitées par le progrès technologique ne sont pas nouvelles. Ainsi, au début de la révolution industrielle, les artisans tondeurs et tricoteurs spécialisés sur les métiers à bras des Midlands et du nord de l'Angleterre s'étaient violemment opposés aux employeurs favorisant l'utilisation de nouveaux métiers à tisser mécaniques pour le travail de la laine et du coton. Le mouvement des luddites était né et les destructions de machines se multiplièrent jusqu'en 1816. Les mouvements de démolition de machines secouèrent d'autres pays européens, comme la France. Sous la Restauration, les ouvriers du Languedoc se soulevèrent contre la « grande tondeuse » mécanique qui avait fait son apparition dans les ateliers textiles. Plus tard, à Paris, ce sont les ouvriers du livre qui se révoltèrent contre les presses mécaniques. Ces exemples rappellent que l'adoption de nouvelles technologies ne se fait pas sans heurts et sans coûts. L'ampleur de ces coûts d'ajustement dépend à la fois de la nature de la technologie et du niveau de qualification des travailleurs.

Le progrès technologique peut se substituer ou être complémentaire du travail. Quand il lui est complémentaire, il en accroît la productivité. Les logiciels statistiques d'analyse de données sont de bons exemples de technologies favorables à la productivité du travail. Cependant, l'utilisation de ces logiciels nécessite une connaissance spécifique. Seuls les travailleurs la possédant peuvent en bénéficier. Le progrès technologique peut aussi se substituer au travail lorsqu'il remplace les tâches répétitives. C'est le cas de la robotisation dans le secteur industriel qui, associée à des outils numériques, électroniques et informatiques, peut effectuer un ensemble de tâches routinières qui ne nécessitent plus d'intervention humaine. Ces technologies se sont largement développées ces dernières années : entre 1993 et 2007, le nombre de robots par million d'heures travaillées s'est accru de 160 % en Allemagne et 236 % aux États-Unis [Graetz et Michael, 2015]. Ces technologies de remplacement sont à l'œuvre dans les secteurs manufacturiers, mais pas seulement. La prolifération de nouvelles technologies de l'information et de la communication bouleverse aussi l'emploi dans les secteurs financiers, la logistique ou la construction, par l'utilisation d'automates, de techniques de digitalisation, ou encore de management des données.

Il est cependant difficile d'évaluer les effets du progrès technologique sur l'emploi car il procède d'une logique de destruction créatrice. D'un côté, le progrès technologique peut conduire à l'essor de nouveaux produits et services qui se substituent aux anciens. D'un autre, l'adoption de technologies de remplacement, comme la robotisation, remplace du travail par du capital. Dans le premier cas, la nouvelle production peut entraîner une augmentation de la demande de travail dans le secteur qui produit les variétés du nouveau produit, et une diminution de la demande de travail dans celui qui produit les variétés obsolètes. L'effet net dépendra de la demande pour les nouveaux produits et de la mobilité des travailleurs entre les secteurs et les entreprises, et donc de ce que les économistes nomment les coûts d'ajustement. Dans le second cas, celui de la robotisation, des emplois peuvent tout de même être créés si les coûts de production baissent et font ainsi augmenter la demande pour des produits devenus relativement moins coûteux dans les secteurs qui la mettent en place. L'effet net de la robotisation dépendra alors de l'ampleur comparée de l'effet de substitution qui diminue l'emploi et de l'effet d'expansion qui l'augmente. En France, un effet net positif et important a été observé dans le secteur des services [Harrigan *et al.*, 2016]. Dans les deux cas, aux effets de substitution et d'expansion, s'ajoutent des effets indirects liés au fait que le progrès technologique favorise une main-d'œuvre plus aisée et exercerait ainsi des effets d'entraînement importants en matière d'emploi dans les secteurs des services non échangeables, tels que le logement ou les services à la personne [Gregory *et al.*, 2016], qui pourraient en partie compenser les effets de substitution décrits plus haut.

Si le progrès technologique a des effets ambigus sur l'emploi, il est clair en revanche qu'il en modifie la composition en privilégiant certaines spécialisations et qualifications au détriment d'autres. L'une des hypothèses privilégiées dans les études récentes est celle d'un progrès technologique biaisé en faveur des tâches non répétitives, qui requièrent de la créativité, l'analyse et la résolution de problèmes, telles que les tâches intellectuelles. On assisterait ainsi d'un côté au déclin des emplois fondés sur des tâches répétitives et routinières, c'est-à-dire celles suivant un ordre procédural bien défini, peu à peu remplacées par les ordinateurs et les robots, et de l'autre à l'essor des emplois reposant sur des tâches intellectuelles ou manuelles [Autor *et al.*, 2003]. La diffusion du progrès technologique réduirait donc la demande de travail de ceux employés à ces tâches routinières, le plus souvent des opérateurs sur machines et des employés de bureau classés dans les professions à salaire intermédiaire. Au contraire, le progrès technologique, complémentaire des tâches cognitives non routinières réalisées par des travailleurs très qualifiés (directeurs, ingénieurs, chercheurs) et occupant des professions à très hauts salaires, en accroîtrait la demande et, par conséquent, la rémunération. Quant aux tâches manuelles, caractérisées par une combinaison de mouvements moteurs précis, elles sont encore difficilement remplaçables par les machines ou les ordinateurs. La diffusion du progrès technologique n'aurait alors que très peu d'impact sur ces emplois manuels (services aux personnes, construction, etc.), le plus souvent situés en bas de l'échelle des salaires. Ainsi, dans le cas d'un progrès technologique biaisé en faveur des tâches non répétitives, les emplois à faible et haut niveaux de salaires augmenteraient par rapport à ceux fondés sur des tâches répétitives progressivement automatisées.

Ce mécanisme de polarisation du marché du travail a été mis en lumière par plusieurs études réalisées au Royaume-Uni [Goos et Manning, 2007], puis aux États-Unis [Autor et Dorn, 2013]. Le phénomène a également été observé en Allemagne ou dans d'autres pays européens [Goos *et al.*, 2009 ; 2014]. Il semble s'être généralisé à tous les pays développés, quelles que soient leurs structures de production et leurs législations du marché du travail. La France ne fait pas exception [Harrigan *et al.*, 2016] : la polarisation de l'emploi (entre 1994 et 2007) y est d'une ampleur similaire à celle observée sur une période beaucoup plus longue (de 1980 à 2005) aux États-Unis par Autor et Dorn [2013].

C'est ce que montre le graphique 1 : en France, la part des heures travaillées des professions à rémunération intermédiaire a notablement reculé entre 1994 et 2007. C'est le cas des professions administratives et commerciales des entreprises qui sont, de loin, la catégorie socioprofessionnelle la plus importante en 1994, ou encore des employés administratifs d'entreprise ou des ouvriers qualifiés. À l'inverse de ces emplois fondés sur des tâches répétitives, dont la part décline, les professions intellectuelles à hauts salaires et celles manuelles à bas salaires connaissent une forte croissance relative. Ainsi, la part du nombre d'heures travaillées des cadres administratifs et celle des ingénieurs et cadres techniques augmentent sur la période. À l'autre bout de l'échelle des salaires, on observe également une augmentation de la part des heures travaillées des trois grandes catégories socioprofessionnelles les moins rémunérées : celle des employés de commerce, des personnels des services directs aux particuliers et des ouvriers non qualifiés de type artisanal. Cela illustre bien la polarisation de l'emploi en France.

Si le progrès technique a une influence sur la structure de l'emploi, il a aussi favorisé l'accroissement des échanges entre les économies. Or le commerce, tout comme le fractionnement des processus de production, modifie l'emploi et sa composition.

La mondialisation coupable ou non coupable de détruire des emplois ?

La mondialisation se caractérise par l'accroissement des échanges de biens, de services, de capitaux et de connaissances,

Graphique 1. **Évolution de la structure de l'emploi par CSP en France** (1994-2007)

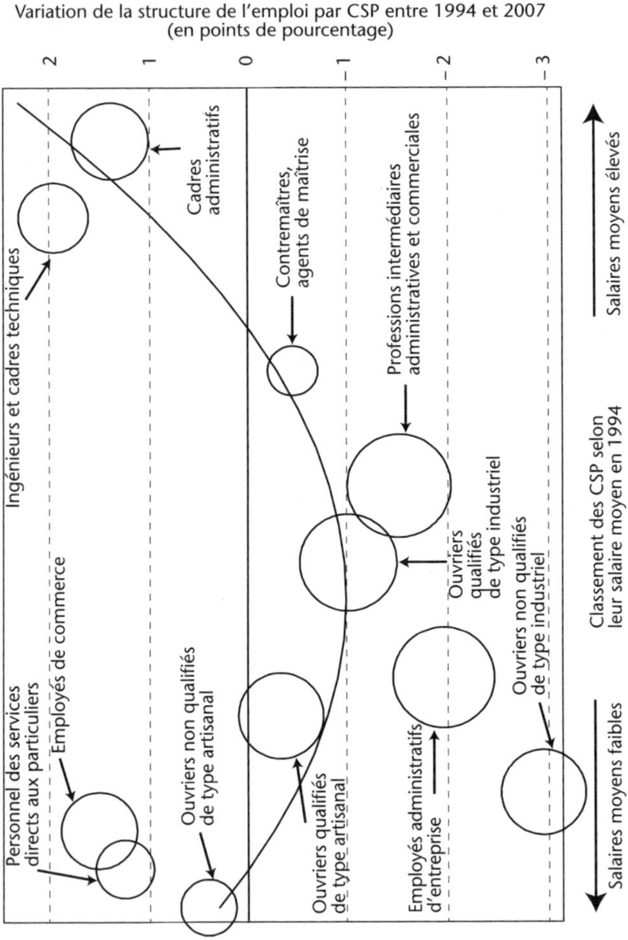

Note : la taille des cercles correspond à celle de chacune des catégories socio-professionnelles en 1994. Seules les plus importantes sont représentées.

Source : Harrigan *et al.* [2016], à partir des DADS.

mais aussi par une accélération de la diffusion de la technologie. Elle offre aux entreprises la possibilité de réorganiser leurs activités au niveau global, soit par le commerce, soit en localisant tout ou partie de leur production à l'étranger. Elle peut donc affecter l'emploi ainsi que sa composition du fait de l'opportunité d'externaliser certaines tâches en recourant à une main-d'œuvre moins coûteuse à l'étranger.

Comme la diffusion de nouvelles technologies, les échanges internationaux peuvent réduire ou augmenter l'emploi. L'accès à de nouveaux marchés et les exportations sont généralement considérés comme des activités créatrices d'emplois, tandis que les importations sont perçues de manière ambiguë. Ces dernières peuvent se substituer à la production et à l'emploi de certaines entreprises, mais, dans le même temps, elles permettent d'accéder à des produits intermédiaires de meilleure qualité et relativement moins chers, ce qui augmente la compétitivité et la croissance d'autres entreprises. Les ajustements supportés par les travailleurs sont liés à ceux que subissent les entreprises. Ils peuvent changer d'entreprise, de secteur, perdre leur emploi et traverser une période de chômage, ou bien encore tomber dans l'inactivité de manière temporaire ou permanente.

L'impact net sur l'emploi dépend fondamentalement des coûts d'ajustement induits par ces évolutions. Ces coûts sont difficiles à évaluer car il n'existe qu'une information parcellaire sur leurs composantes, notamment sur le coût de la formation des travailleurs affectés par la mondialisation commerciale, ou sur les coûts liés à la mobilité géographique et sectorielle. L'ampleur de ces coûts dépend des conditions macroéconomiques, de l'efficacité des institutions régissant le marché du travail, mais également de la mise en œuvre éventuelle de politiques économiques spécifiques, telles que le programme d'assistance à l'ajustement commercial aux États-Unis (*Trade Adjustement Assistance*).

On peut s'attendre à un impact plus important des échanges internationaux dans les secteurs les plus exposés. C'est le cas du secteur manufacturier en France, qui concentre les entreprises les plus internationalisées. Cependant, on observe qu'en moyenne la croissance de l'emploi des entreprises internationalisées n'est pas si différente de celle des entreprises qui ne le sont pas [Harrigan *et al.*, 2016]. Ces effets moyens masquent toutefois de fortes disparités selon le type de biens échangés et leur pays d'origine ou de destination. Alors que les exportations ont invariablement très peu d'effets sur la croissance de l'emploi (quel que soit le type de bien ou le pays de destination), les entreprises importatrices de produits intermédiaires en provenance de pays à faible niveau de salaires affichent une croissance de l'emploi plus faible. Cet impact négatif de la concurrence des pays à bas salaires sur l'emploi s'observe également aux États-Unis : d'après Autor *et al.* [2013], les importations en provenance de Chine ont conduit à des destructions d'emplois sur le marché américain.

Dans leur ensemble, les études concluent à un effet mitigé des échanges sur l'emploi, mais surtout elles montrent que les coûts d'ajustement ne sont pas supportés de la même manière selon les classes d'âge et les qualifications des travailleurs, et qu'il existe également de fortes disparités régionales ou locales. Ainsi, les coûts sont plus élevés pour les travailleurs âgés, relativement moins qualifiés et fortement exposés à la concurrence internationale. En raison d'une faible diversité sectorielle des régions et d'une mobilité relativement plus faible des travailleurs les moins qualifiés, les effets de la mondialisation peuvent ainsi renforcer ceux de la désindustrialisation, en créant des poches d'inactivité et de chômage.

Alors que le niveau de l'emploi est principalement déterminé par des mécanismes propres au fonctionnement du marché du travail, la mondialisation induit des changements dans la composition de l'emploi. Selon la théorie traditionnelle de l'échange, dans les pays où le travail qualifié est relativement abondant (les pays développés), l'ouverture conduit à une spécialisation dans la production de biens utilisant intensément du travail qualifié et en conséquence à un accroissement de la demande relative de travailleurs qualifiés. Les nouvelles théories du commerce international intègrent la division internationale des processus productifs et montrent que la relocalisation de tout ou partie de la production des pays avancés dans les pays émergents entraîne une spécialisation de l'entreprise dans des stades de production qui nécessitent aussi une main-d'œuvre relativement plus qualifiée. Cet effet de spécialisation concerne les entreprises les plus productives, produisant des biens et des services à haute valeur ajoutée. Ce sont d'ailleurs celles-ci que la mondialisation favorise au détriment des moins efficaces : les entreprises les plus productives sont celles qui s'accommodent le mieux de la mondialisation qui les rend encore plus productives.

Ainsi, Harrigan *et al.* [2016] montrent qu'entre 1994 et 2007 les exportations françaises ont augmenté la demande de travailleurs très qualifiés. Ils confirment également que les importations détruisent des emplois non qualifiés, comme l'avaient identifié avant eux Biscourp et Kramarz [2007] pour les importations françaises entre 1986 et 1992, en particulier celles de produits finis issus des délocalisations de production à l'étranger.

Quel futur pour l'emploi ?

La technologie paraît donc exercer un rôle majeur et permanent sur l'emploi et sa structure dans tous les secteurs, tandis que les effets des échanges internationaux apparaissent plus nuancés et concentrés dans le secteur manufacturier.

Il est tout à fait envisageable que, avec les progrès exponentiels de l'intelligence artificielle, de la robotique et des algorithmes, mais aussi avec la montée en gamme rapide des pays émergents, les professions intellectuelles, plutôt gagnantes ces dernières décennies, soient à l'avenir également menacées dans les pays développés. Concernant l'impact du progrès technologique, Frey et Osborne [2013] estiment que 47 % des emplois aux États-Unis risquent de disparaître d'ici 2020. Leur méthodologie a cependant été contestée et l'OCDE estime qu'en moyenne seulement 9 % des emplois américains présenteraient un risque élevé d'automatisation. Le Conseil d'orientation pour l'emploi [2017] a confirmé cette estimation dans le cas français en pointant que « moins de 10 % des emplois cumulent des vulnérabilités qui pourraient en menacer l'existence dans un contexte d'automatisation ».

Le progrès technologique et la mondialisation peuvent créer des perdants, mais ils sont aussi porteurs d'opportunités en matière d'emplois et de salaires pour certaines catégories de travailleurs. Les emplois existants sont par ailleurs amenés à se transformer profondément. Pour que le progrès technologique et la mondialisation bénéficient à tous, il faut des travailleurs en capacité de maîtriser les nouvelles technologies et dotés des qualifications requises pour bénéficier du lot d'avantages que procurent les échanges internationaux. C'est ce que Jan Tinbergen appelait la « course entre l'instruction et la technologie » [1974]. En ce sens, il est indispensable de renforcer l'efficacité et l'équité du système de formation initiale, mais aussi de celui de la formation permanente. La formation tout au long de la vie est ce qui permet d'éviter l'obsolescence des compétences, le déclassement et le chômage. Il faut aussi que les gains engendrés par le progrès technologique et la mondialisation soient mieux répartis entre les travailleurs grâce à des politiques actives de redistribution.

Repères bibliographiques

AUTOR D. H. et DORN D. [2013], « The growth of low-skill service jobs and the polarization of the US labor market », *The American Economic Review*, 103(5), p. 1553-1597.

AUTOR D. H., DORN D. et HANSON G. H. [2013], « The China syndrome : local labor market effects of import competition in the United States », *The American Economic Review*, 103(6), p. 2121-2168.

AUTOR D. H., LEVY F. et MURNANE R. J. [2003], « The skill content of recent technological change : an empirical exploration », *The Quarterly Journal of Economics*, 118(4), p. 1279-1333.

BISCOURP P. ET KRAMARZ F. [2007], « Employment, skill structure and international trade : firm-level evidence for France », *Journal of International Economics*, 72(1), p. 22-51.

BLOOM N., DRACA M. et VAN REENEN J. [2016], « Trade induced technical change ? The impact of Chinese imports on innovation, IT and productivity », *The Review of Economic Studies*, 83(1), p. 87-117.

CONSEIL D'ORIENTATION POUR L'EMPLOI [2017], « Automatisation, numérisation et emploi. Les impacts sur le volume, la structure et la localisation de l'emploi », *Rapport du COE*, t. I.

FREY C. B. et OSBORNE M. A. [2013], « The future of employment : how susceptible are jobs to computerization », *University of Oxford Working Paper*, septembre.

GOOS M. et MANNING A. [2007], « Lousy and lovely jobs : the rising polarization of work in Britain », *The Review of Economics and Statistics*, 89(1), p. 118-133.

GOOS M., MANNING A. et SALOMONS A. [2009], « Job polarization in Europe », *The American Economic Review, AEA Papers and Proceedings*, 99(2), p. 58-63.

— [2014], « Explaining job polarization : routine-biased technological change and offshoring », *The American Economic Review*, 104(8), p. 2509-2526.

GRAETZ G. et MICHAEL G. [2015], « Robots at work », *CEP Discussion Paper*, n° 335, Centre for Economic Performance.

GREGORY T., SALOMONS A. et ZIERAHN U. [2016], « Racing with or against the machine ? Evidence from Europe », *Discussion Paper*, n° 16-053, Centre for European Economic Research.

HARRIGAN J., RESHEF A. et TOUBAL F. [2016], « The march of the techies : technology, trade, and job polarization in France, 1994-2007 », *NBER Working Paper,* 22110.

JOLLY C. [2015], « La polarisation des emplois : une réalité américaine plus qu'européenne ? », *Document de travail*, 2015-04, France Stratégie.

KRUGMAN P. R. [2000], *La Mondialisation n'est pas coupable : Vertus et limites du libre-échange*, La Découverte, Paris.

TINBERGEN J. [1974], « Substitution of graduate by other labour », *Kyklos*, vol. 27, issue 2, p. 217-226.

VERDUGO G. [2017], *Les Nouvelles Inégalités du travail. Pourquoi l'emploi se polarise*, Presses de Sciences Po, Paris, juin.

VII/ Russie : l'étroit chemin des réformes

*Sébastien Barbé**

La Russie est sortie de la récession en 2016, mais pourrait entrer dans une période de croissance très faible, à cent lieues des taux de croissance stratosphériques enregistrés au début de la décennie passée. Bien que l'essoufflement du modèle économique russe soit largement reconnu par les élites économiques et politiques, la réponse du pouvoir est restée plus politique qu'économique. Elle a combiné un *policy-mix* orthodoxe avec une reprise en main politique en interne et une affirmation de la souveraineté russe au plan international. On peut douter de la soutenabilité de cette réponse et se demander si la stagnation est véritablement une option, sachant que la politique récente n'a pas empêché la précarisation de la classe moyenne, évolution potentiellement porteuse de difficultés sociopolitiques. Sur le papier, certaines des réformes nécessaires pour diversifier l'économie, soutenir l'investissement et augmenter la croissance potentielle sont bien identifiées. Cependant, en pratique, leur mise en place se heurte à de sérieux obstacles qui tiennent à la structure du capitalisme russe, à des dysfonctionnements institutionnels ainsi qu'à des problèmes d'incitations. À moins d'une volonté politique forte, d'une pression populaire conséquente ou d'un prix du pétrole durablement bas qui compromettrait la rente pétrolière, la voie des réformes russes paraît bien étroite.

---

* Sébastien Barbé est directeur général du service Recherche et stratégie au Crédit agricole.

Le défi de la croissance

La Russie est sortie de la récession, mais un retour à la croissance forte des années 2000 est peu probable. L'augmentation de la croissance potentielle se heurte à de sérieux obstacles structurels.

Une lente sortie de récession

L'économie russe est sortie en 2016 d'une franche récession pendant laquelle le PIB s'est contracté d'un peu plus de 3 % en termes réels entre 2014 et 2016. C'est la plus grave récession depuis celle de 2009, qui avait été déclenchée par l'onde de choc de la crise des *subprimes*. Cette récession a été en partie précipitée par les sanctions imposées à partir de 2014 par les États-Unis et l'Europe, dans le contexte de l'annexion de la Crimée et du conflit dans l'est de l'Ukraine.

Cependant, la principale cause de la récession a été la baisse brutale du prix de l'énergie à partir de mi-2014. Le prix du brent (baril de pétrole provenant de la mer du Nord, servant de référence au marché pétrolier) en dollars s'est, en effet, effondré au second semestre 2014, puis a continué de baisser, à un rythme plus modéré, en 2015, soit une baisse de 75 % entre mi-2014 et début 2016. Le prix du gaz a quant à lui chuté d'environ 60 % durant la même période. Étant donné la place centrale des matières premières dans l'économie russe (hydrocarbures, mais aussi métaux), la récession était inévitable.

Le choc a été double. Économique d'une part, car la chute des exportations a pesé sur l'investissement et les salaires, et s'est transmise à d'autres secteurs, *via* notamment la demande des ménages. Financier d'autre part, car le prix du pétrole a entraîné le rouble dans sa chute vertigineuse. La banque centrale, qui venait de réaffirmer son attachement à la flexibilité du change, n'a pas cherché à intervenir pour en enrayer la dépréciation et a préféré augmenter fortement son taux d'intérêt directeur pour éviter la fuite des capitaux. Le taux sur les opérations de *repo* (échanges temporaires de titres contre liquidités) à une semaine a ainsi été relevé de 900 points de base à 17 % fin 2014. Comme on pouvait s'y attendre, le durcissement des conditions monétaires a fortement contraint l'activité. Passé le choc initial, les autorités ont maintenu un *policy-mix* relativement strict (une combinaison de politiques monétaire et budgétaire restrictives), qui a continué de peser sur l'activité. Ce faisant, la sortie de la récession a été lente.

Elle a fini par se produire au premier semestre 2016, mais depuis la croissance reste faible. La reprise de la consommation bute sur le processus de reconstitution de l'épargne des ménages, érodée par la forte inflation de 2015 et 2016. L'investissement reste quant à lui atone, compte tenu des taux d'intérêt réels élevés (de l'ordre de 4 % à 5 % en 2016-2017), de l'incertitude sur le prix des matières premières et de l'absence d'un vrai processus de diversification de l'appareil productif. Au total, la croissance pourrait s'établir entre 1 % et 2 % en 2017 et 2018.

Un risque de stagnation

Au-delà des facteurs conjoncturels, la croissance russe se heurte également à de sérieuses contraintes structurelles. La Russie est probablement un des pays au monde où la croissance potentielle a le plus chuté au cours des dix dernières années. Alors que, entre 2003 et 2007, la croissance effective a été de 7,5 % en moyenne, la croissance potentielle est, selon le FMI, actuellement proche de 1,5 %, et certaines estimations la situent même au-dessous de 1 %. Comment expliquer une telle détérioration ?

Il y a dix ans, la Russie bénéficiait de trois facteurs favorables qui ont depuis disparu. D'une part, la décennie 2000 a vu une amélioration considérable des termes de l'échange de la Russie, liée à la hausse des prix des matières premières. Or il est peu probable que cette hausse se reproduise dans les années à venir. D'autre part, la croissance des années 2000 s'est appuyée sur l'utilisation de capacités de production disponibles importantes. En effet, la forte contraction du PIB au cours des années 1990 (éclatement de l'URSS puis conséquences de la crise de 1998) a fait fortement chuter le taux d'utilisation des capacités de production jusqu'à la fin des années 1990 (graphique 1). Pour faire face au regain de demande à partir du début des années 2000, l'appareil productif a pu exploiter ces capacités de production inutilisées. La croissance a ainsi pu reprendre même avec un taux d'investissement relativement bas (aux alentours de 20 % en moyenne entre 2000 et 2007). C'est ainsi la plus ample utilisation du capital déjà existant qui a permis à la productivité du capital d'augmenter, même sans vague de progrès technique, organisationnel ou institutionnel. De tels gains ne sont désormais plus possibles, le

Graphique 1. **Taux d'utilisation des capacités de production dans l'industrie**
(en %)

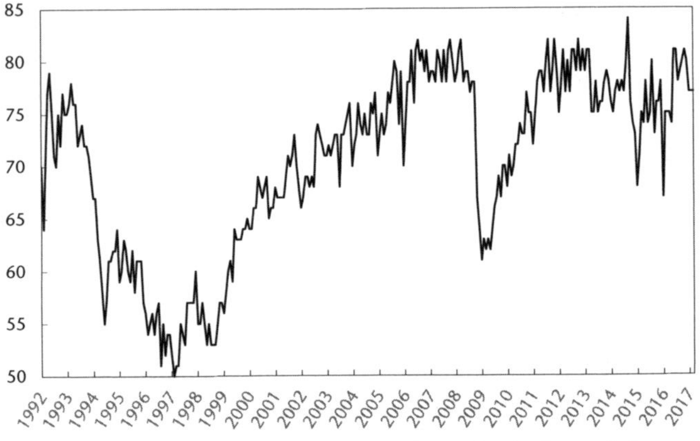

Source : Russian Economic Barometer.

taux d'utilisation des capacités de production étant de nouveau proche de son plafond historique.

Enfin, la démographie devrait être nettement moins favorable à l'avenir qu'elle ne l'a été au cours des quinze dernières années. La population en âge de travailler qui progressait de 0,3 % par an en moyenne au cours des années 2000 devrait, selon les projections de l'ONU, décroître de près de 1 % par an au cours des dix prochaines années. Au total, la croissance potentielle s'en trouve significativement érodée.

À quelques mois de l'élection présidentielle de mars 2018, le défi russe ne se limite donc pas à la sortie d'une récession liée à la chute des prix du pétrole. La Russie a besoin de changements économiques structurels, faute de quoi sa croissance potentielle risque de stagner. Paradoxalement, la réponse apportée jusqu'à présent par les autorités a été plus forte sur le plan politique que sur le plan économique.

Une réponse incomplète à la crise

La politique économique orthodoxe menée ces dernières années a permis de restaurer la stabilité financière. Mais cette réponse à la crise reste incomplète. Et la réponse politique et géopolitique forte de l'administration Poutine, qui a pu faire diversion, pourrait ne pas suffire non plus à pérenniser à moyen terme le système actuel.

Une politique économique très orthodoxe

Contrairement à ce qui a pu se passer dans d'autres pays confrontés à un choc de croissance, le gouvernement n'a pas répondu prioritairement sur le terrain économique : il n'y a pas eu de plan de relance massif comme en Chine au cours de ces dernières années, par exemple.

Côté politique monétaire, la banque centrale a certes accéléré le rythme des baisses de taux d'intérêt à partir de mars 2017, mais la baisse des taux directeurs n'est en réalité intervenue que très tardivement par rapport à celle de l'inflation (graphique 2). En mars 2017, l'inflation avait déjà diminué de 1 200 points de base depuis son pic de mars 2015, alors que le taux directeur n'avait baissé « que » de 700 points de base. En maintenant des taux d'intérêt réels élevés, la Banque de Russie a montré

Graphique 2. **Taux d'inflation**
(en %)

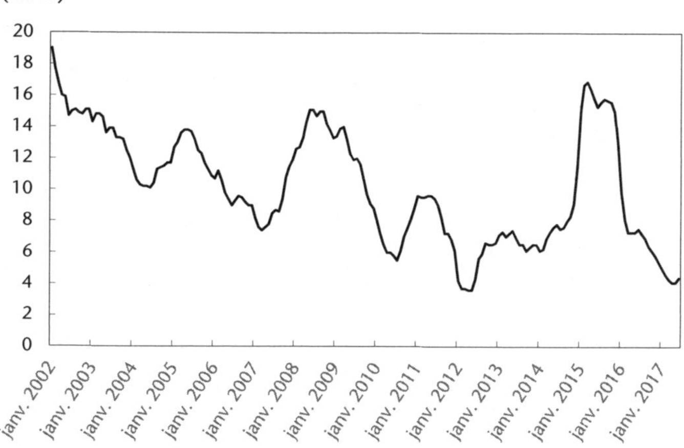

Note : indice des prix à la consommation en glissement annuel.

Source : Banque mondiale.

qu'elle donnait la priorité à la lutte contre l'inflation, au risque d'accentuer la récession.

Cet engagement dans la lutte contre l'inflation s'explique en partie par le *timing* malheureux de son changement de stratégie monétaire au milieu des années 2010. En effet, la banque centrale a procédé à une transition graduelle vers un système de ciblage de l'inflation (*inflation targeting*) au cours de l'année 2014. Cette transition a consisté à simplifier la grille des taux directeurs pour se concentrer sur le taux des opérations *repo* à une semaine, tout en abandonnant le ciblage nominal du taux de change (le rouble était auparavant ancré à un panier euro-dollar), afin de faire désormais du taux d'intérêt le seul instrument de politique monétaire et de transformer le taux de change, devenu flexible, en une variable exogène sur laquelle la politique économique n'est plus censée agir. Manque de chance, cette flexibilisation formelle du change est intervenue en novembre 2014, juste avant que le prix du pétrole n'amorce une chute libre et n'entraîne avec lui le rouble, provoquant un tsunami d'inflation importée. Ainsi, à peine né, le régime de ciblage de l'inflation faisait face à ce qui était probablement le plus gros défi auquel il pouvait être confronté. La réaction de la Banque de Russie a dû être à la mesure de ce défi. Près de trois ans plus tard, la banque centrale garde des taux réels relativement élevés, afin de s'assurer que non seulement l'inflation reste en ligne avec son objectif (4 %), mais également que les anticipations d'inflation demeurent sous contrôle. En outre, la stagnation démographique entraîne une tension sur le marché du travail, que reflète un taux de chômage peu élevé (proche de 5 %). Cette tension contraint également la politique monétaire en accentuant les risques de surchauffe en cas de reprise.

Côté politique budgétaire, après avoir veillé à limiter en 2015 et 2016 l'élargissement du déficit lié à la chute du prix du pétrole, le gouvernement a mis en place le garde-fou d'un plan fiscal de moyen terme. Ce plan, qui court sur la période 2017-2019, prévoit d'abaisser le déficit budgétaire fédéral d'un point de PIB chaque année, pour atteindre 1 % du PIB en 2019. Fondé sur une hypothèse assez conservatrice quant au prix du pétrole (40 dollars le baril), cet objectif semble atteignable.

Au total, la politique économique menée ces dernières années a permis de limiter les déséquilibres. La Russie est aujourd'hui un pays peu endetté (dette extérieure à 30 % du PIB, dette du gouvernement général à environ 17 % du PIB), qui continue de dégager un excédent courant, qui sans être impressionnant demeure significatif (vraisemblablement autour de 3 % du PIB en 2017). Le montant des réserves de change, qui a beaucoup baissé depuis 2014, demeure cependant confortable : il est trois fois plus élevé que le besoin de financement externe du pays (défini comme la somme du solde courant, de la dette extérieure à court terme, du remboursement du principal sur la dette extérieure à long terme, dû au cours des douze prochains mois, et des sorties de capitaux, dont on retranche les investissements directs).

Go East ?

Compte tenu du manque de vigueur de la demande intérieure, la Russie tente depuis plusieurs années de dynamiser son accès à la demande extérieure, avec un succès mitigé pour le moment. La Russie n'a pas tiré d'évidents bénéfices macroéconomiques de son accession à l'OMC en 2012. Les effets positifs potentiels (accès à de nouveaux marchés, renforcement des exportations, stimulation de la diversification économique) ont été éclipsés par les sanctions économiques et l'effondrement des prix du pétrole. La Russie tente également de se tourner davantage vers l'Asie et d'attirer les investisseurs asiatiques dans l'Extrême-Orient russe, mais les effets de cet effort sont encore très limités. Un accord de libre-échange entre l'Union économique eurasienne (qui regroupe plusieurs membres de l'ex-URSS autour de la Russie) et le Vietnam a également été conclu. Compte tenu des flux en jeu, cet accord vaut cependant moins pour ses effets de court terme sur le commerce que pour le chemin qu'il pourrait ouvrir vers un accord plus large avec l'ASEAN.

En réalité, la stratégie de réorientation commerciale de la Russie vers l'Asie s'est déclinée sous sa forme la plus visible en un énorme accord de fourniture de gaz à la Chine (400 milliards de dollars sur trente ans). Cette diversification des exportations d'hydrocarbures relativise la dépendance de la Russie par rapport à la demande européenne dans un contexte géopolitique difficile. Cela étant, elle ne constitue pas non plus la panacée. Elle inscrit la Russie dans une relation de long terme avec la Chine, qui pourrait ne pas être dénuée de rapports de force, tant la Chine est elle-même engagée dans une diversification de ses relais de croissance externe (*via* notamment sa stratégie de *One Belt One*

Road) et intéressée au destin de l'Asie centrale, région riche en matières premières.

Une réaffirmation franche de la souveraineté

La crise économique a également eu des répercussions politiques, la popularité de Vladimir Poutine s'érodant significativement au début de la décennie, tandis que des manifestations de mécontentement avaient lieu dans les grandes villes entre 2011 et 2013. L'exécutif a également choisi d'y apporter une réponse politique forte. Celle-ci a abouti à une affirmation très nette de la puissance de l'exécutif à l'intérieur des frontières et de la souveraineté russe à l'extérieur des frontières.

Le pouvoir a d'abord resserré son contrôle sur la société. Même s'il est délicat d'appréhender ce type d'évolution, certains indicateurs permettent de mesurer la perception qu'en ont les agents économiques. Ainsi, l'indicateur KKZ *Voice and Accountability* de la Banque mondiale, qui évalue le sentiment qu'ont les citoyens de contribuer au choix de leur gouvernement, ainsi que la liberté d'expression, la liberté de réunion et la liberté de la presse, place la Russie parmi les pays qui ont le plus régressé dans ce domaine entre 2011 et 2015 (17e plus importante détérioration sur 204 pays). Autre exemple, le contrôle des réseaux sociaux et d'Internet est également perçu comme s'étant accentué. C'est ce que montre l'indicateur *Freedom on the Net* de l'ONG américaine Freedom House [2016] : la Russie est le deuxième pays (sur soixante-cinq) qui a le plus régressé entre 2012 et 2016 en matière de liberté d'usage d'Internet perçue (chutant à la 52e place du classement).

Sur le plan géopolitique, l'annexion de la Crimée en mars 2014 a également permis de consolider l'assise politique interne de Vladimir Poutine. Sa popularité est fortement remontée au cours des mois qui ont suivi : de 65 % début 2014 à plus de 85 % fin 2014, selon le centre Levada. La forte implication de la Russie dans le conflit syrien a également contribué à l'affirmation de la souveraineté et du leadership russes. Au total, la Russie a effectué un retour fracassant sur la scène internationale, et la popularité de son président est à faire pâlir d'envie la plupart des dirigeants de la planète.

La voix de la classe moyenne

Cela est cependant loin de faire de la Russie une *success story*. La réaction à la crise qui a combiné un *policy-mix* orthodoxe et une reprise en main politique ne fait pas forcément une politique soutenable. Si les performances économiques restent médiocres, il n'est pas certain que l'équilibre sociopolitique puisse tenir. À cet égard, la possible montée de frustrations au sein de la population, et de la classe moyenne en particulier, pourrait bien menacer cet équilibre.

S'agissant de la population dans son ensemble, le revenu par habitant, qui avait augmenté de façon très marquée au cours des années 2000, a très fortement décéléré au cours des dernières années, imposant un frein brutal à la dynamique d'enrichissement des ménages. La croissance annuelle moyenne du PIB par habitant a été divisée par cinq en l'espace d'une décennie : passant de 7,4 % par an au cours de la période 2000-2006 à 1,5 % par an de 2010 à 2016.

Pour ce qui est plus spécifiquement de la classe moyenne, son périmètre est assez flou : il en existe plusieurs estimations, différentes les unes des autres, et fondées sur divers critères. Néanmoins, la plupart montrent au mieux un ralentissement de son expansion, au pire sa contraction au cours de la dernière décennie par rapport à la période précédant la grande crise financière. Ainsi, selon l'université des Finances de la Fédération de Russie, qui retient une définition relativement étroite recouvrant les niveaux de revenu, d'éducation et de patrimoine, la part de la classe moyenne est passée de 18 % en 2013 à 10 % en 2015, et a probablement continué de diminuer depuis.

Au-delà des estimations elles-mêmes, il s'agit également d'un problème de perception. Selon une enquête de la Sberbank (la Caisse d'épargne russe), la part des citoyens russes se considérant comme faisant partie de la classe moyenne a chuté de 61 % en 2014 à 51 % en 2016, soit l'équivalent de 14 millions de personnes qui se considèrent comme sorties par le bas de la classe moyenne. Cette détérioration de la perception que la population russe a de sa propre condition permet de mettre le doigt sur les risques de frustration qui pourraient augmenter faute d'un retour à une croissance plus forte.

Compte tenu de cette contre-performance, le risque est que la réponse politique ne permette de maintenir la confiance dans l'administration Poutine que pendant un temps. Les frustrations pourraient alors se muer en lassitude et se transformer en colère. Les grandes manifestations qui ont eu lieu entre fin 2011 et mi-2013 rappellent que ce risque existe. D'autant que les interventions militaires ont aussi un coût, qui pourrait au bout d'un moment faire l'objet d'une contestation croissante.

En ce sens, la modernisation de l'économie russe pourrait bien devenir un enjeu décisif du prochain mandat présidentiel, dans la mesure où la pérennité du système actuel pourrait dépendre de plus en plus de la capacité du pouvoir à favoriser la croissance et l'enrichissement pour la population en général et la classe moyenne en particulier. Quelles mesures seraient alors nécessaires pour améliorer la croissance potentielle, si jamais l'exécutif décidait de s'engager dans la voie des réformes économiques ?

L'obstacle institutionnel reste à franchir

Outre un effort de diversification économique et le choix d'une politique de change adaptée, la réforme de la structure du capitalisme russe ainsi qu'une réforme institutionnelle profonde sont les conditions d'une amélioration significative de la croissance potentielle. Tâches difficiles qui se heurtent à l'absence d'incitations.

La nécessaire diversification économique

Un des objectifs incontestés d'une politique qui viserait à augmenter la croissance à moyen terme est la diversification économique. En effet, le fort tropisme russe vers les matières premières a deux conséquences négatives.

D'une part, il alimente une forte versatilité des performances économiques. La croissance, au premier chef, est corrélée à la variable exogène qu'est le prix du pétrole. Cela peut rendre la politique économique plus réactive que proactive. La récente récession en est un exemple frappant, qui a nécessité une forte hausse des taux d'intérêt et a fait perdre deux ou trois ans à la mise en place du ciblage de l'inflation.

D'autre part, il pérennise un contexte peu propice au progrès technique et au développement d'autres secteurs, comme c'est classiquement le cas dans la plupart des pays rentiers (malédiction des matières premières). Cette malédiction se cristallise notamment sur la question du taux de change. La place centrale des matières premières dans les exportations crée en effet un risque quasi permanent de « syndrome hollandais », c'est-à-dire qu'une appréciation du change résultant d'un fort excédent courant lié aux exportations de matières premières tue dans l'œuf le développement de secteurs économiques non liés aux matières premières, en handicapant fortement leur compétitivité externe.

La diversification économique nécessiterait également une hausse du taux d'investissement. Celui-ci, à environ 22 % en 2017 selon l'estimation du FMI, est bas, qu'on le compare à la moyenne mondiale ou aux pays émergents à croissance élevée (graphique 3). Son augmentation est une condition nécessaire à l'amélioration de la croissance potentielle.

Graphique 3. **Taux d'investissement en 2016**
(en %)

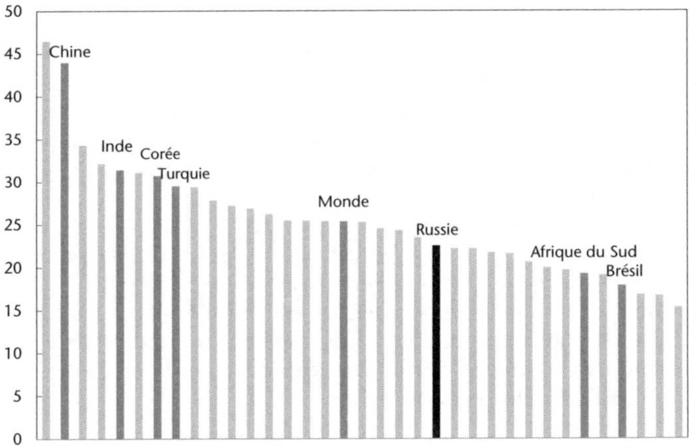

Source : FMI, World Economic Outlook Database, avril 2017.

Garder un œil sur le rouble

Étant donné le risque de syndrome hollandais, le contrôle de l'appréciation du change pourrait trouver sa place dans une politique de modernisation de l'économie russe. La forte dépréciation du rouble en 2015-2016, si elle a déstabilisé l'économie, a cependant présenté l'avantage d'en améliorer la compétitivité externe. Le taux de change effectif réel du rouble s'est en effet déprécié de plus d'un tiers pendant cette période. Mais il s'est repris par la suite, reprenant ainsi une grosse partie des gains de compétitivité engrangés pendant la dépréciation. Tenter de limiter l'appréciation du change au cours des trimestres et années à venir pour prendre soin de la compétitivité externe de l'économie russe est probablement une autre condition nécessaire.

Des interventions sur le marché des changes destinées à contrôler l'appréciation du change seraient cependant potentiellement contradictoires avec la stratégie de ciblage de l'inflation, qui suppose que le change soit flexible, la banque centrale n'agissant en théorie que sur le taux d'intérêt directeur pour atteindre sa cible d'inflation. En pratique, il est arrivé que la banque centrale intervienne sur le marché des changes pour limiter la volatilité de la devise et en lisser l'appréciation. Cela a été le cas, par exemple, entre mai et juillet 2015, période pendant laquelle la banque centrale est intervenue en achetant en moyenne 190 millions de dollars par jour. Il s'agit là cependant de montants relativement modestes, ne représentant qu'une fraction limitée des transactions quotidiennes sur le marché du rouble (0,4 % des transactions de gré à gré, si l'on retient les chiffres de la BRI). La contradiction deviendrait plus difficilement gérable si la pression à l'appréciation venait à se renforcer. Cela pourrait arriver en cas de forte augmentation des prix du pétrole, tant le taux de change du rouble lui est corrélé. Dans ce cas, il pourrait y avoir un conflit entre l'objectif monétaire de court terme de la banque centrale et l'objectif de diversification à moyen terme de l'économie.

Deux visions de la modernisation

Garder un œil sur le rouble ne représente qu'une petite partie des mesures à prendre pour espérer moderniser l'économie russe. Pour le reste, coexistent au sein des sphères dirigeantes deux écoles de pensée principales.

La vue dominante juge que l'essentiel est de forger un cadre macroéconomique stable : inflation vaincue grâce à des taux d'intérêt réels élevés si nécessaire, déficit budgétaire qui reste sous contrôle. L'hypothèse est que, une fois cette stabilité macro-financière atteinte, l'économie trouvera d'elle-même le chemin de la croissance, notamment parce que la stabilisation durable de l'inflation soutiendra les décisions d'investissement et du coup la demande de crédit, remettant ainsi en marche une dynamique vertueuse de financement de l'économie.

L'autre vue, minoritaire, considère que la mise en place d'un cadre stable ne suffira pas. Elle insiste sur la nécessité de stimuler la croissance grâce à une politique économique plus accommodante. Elle préconise une baisse des taux d'intérêt plus rapide et éventuellement des mesures plus fines, fiscales par exemple, destinées à pousser certains secteurs selon des stratégies de politique industrielle.

La vue dominante bénéficie du soutien de Vladimir Poutine, qui a laissé la voie libre à la banque centrale pour lutter contre l'inflation, même si le maintien de taux d'intérêt élevés a pu ralentir la sortie de la récession. Il n'est pas totalement exclu cependant qu'à l'approche de l'élection présidentielle des voix portant la vue alternative soient davantage entendues, d'autant que l'inflation a d'ores et déjà atteint sa cible.

Cependant, si la stabilisation de l'inflation est nécessaire, et si une augmentation des dépenses d'investissement paraît indispensable, ni l'une ni l'autre ne parviendront à augmenter la croissance de manière pérenne. En réalité, la nécessité de mettre en œuvre des mesures plus structurelles et de grande ampleur est reconnue depuis longtemps par les réformateurs les plus influents. Elle s'est incarnée dans la publication de plans de réforme charpentés, comme le programme Gref en 2000 ou encore le plan de développement de long terme pour 2020, qui lui date de 2008. Ces plans n'ont cependant pas été suivis des résultats escomptés, surtout parce qu'ils n'ont été mis en œuvre qu'à la marge. La volonté de réforme se heurte malheureusement à trois obstacles très difficiles à surmonter.

La difficile réforme du capitalisme russe

Les privatisations, l'accroissement de la concurrence et la réforme des monopoles naturels dans l'énergie et les transports, notamment, sont les propositions mises en avant pour augmenter l'efficacité de l'économie et forger un terreau plus propice à l'innovation, à l'investissement et à la diversification [Guriev,

2010 ; Gurvich et Kudrin, 2015]. Il est attendu de telles réformes qu'elles améliorent l'allocation des ressources, donnent plus de marge de manœuvre aux petites et moyennes entreprises (qui ont du mal à prospérer dans l'ombre des grandes) et améliorent l'efficacité des entreprises en général. Cependant, la mise en œuvre de ces réformes, et des privatisations en particulier, se heurte à un obstacle qui tient à la genèse du capitalisme russe actuel.

Au risque de schématiser, après la chute de l'URSS, le souhait de procéder à une transition rapide s'est traduit par des programmes de privatisation massifs en 1993-1994, puis en 1995. Ces privatisations ont conduit à concentrer la propriété de très grandes entreprises entre les mains de quelques oligarques proches du pouvoir (Boris Eltsine était à l'époque président). Des banques ont été créées, destinées à financer l'activité de ces entreprises et du gouvernement, dont la dette a crû rapidement pendant cette période. Les années 1990 ont ainsi vu émerger de grands groupes financiaro-industriels représentant des centres de pouvoir influents à l'échelle du pays. La crise de 1998 a ébranlé ce système, sans le mettre à bas.

C'est l'arrivée au pouvoir de Vladimir Poutine, en 2000, qui a changé la donne : les oligarques proches de Boris Eltsine ont été remplacés par d'autres proches du nouveau président, et l'État a repris en main de larges pans de l'économie. Il a ainsi procédé à ce que certains ont appelé la transition d'un capitalisme de collusion à un capitalisme d'État [Djankov, 2015]. Au cours des années qui ont suivi, la reprise en main s'est étendue de l'énergie à d'autres secteurs jugés stratégiques, comme la construction, l'aviation, la finance et les biens d'équipement. La récente récession a renforcé cette reprise en main, dans la mesure où l'assistance de l'État a été requise pour limiter les difficultés économiques des entreprises. Résultat, le rôle de l'État dans l'économie s'est renforcé : en 2015, plus de la moitié de l'économie était aux mains de l'État (55 % du secteur pétrolier, contre seulement 11 % en 2000).

Ainsi, les nationalisations ont été une des pierres angulaires de la lutte contre les oligarques de première génération et de la reprise en main de l'économique par le politique sous Vladimir Poutine. Dans ce contexte, les privatisations apparaissent, pour l'exécutif, comme un retour en arrière. Elles recèlent, en outre, le risque de redonner du pouvoir et de l'autonomie à des élites économiques et financières, qui ont par le passé promu le court-termisme plutôt que la soutenabilité à long terme, dont le règne passé a souvent coexisté avec le pillage de la rente et l'accroissement des inégalités, et qui sont dans bien des cas honnies par la population. Les privatisations sont donc un élément intéressant d'une politique de modernisation, mais leur mise en œuvre réclame de la prudence et elles doivent aller de pair avec l'amélioration des règles de gouvernance et plus généralement du cadre institutionnel.

Le défi institutionnel

Pour de nombreux analystes, la faiblesse du cadre institutionnel russe (notamment la faiblesse du droit de propriété, de l'indépendance du système judicaire et le niveau relativement élevé de la corruption perçue) constitue un des principaux obstacles à l'augmentation de la croissance potentielle. Certes, par certains aspects, ce qu'on appelle le climat des affaires s'est significativement amélioré au cours des dernières années. Par exemple, la Russie fait partie des pays qui ont le plus progressé selon l'indicateur de la Banque mondiale portant sur la « facilité à faire des affaires » (*ease of doing business*). C'est là une amélioration importante. Cependant, les progrès mesurés par cet indicateur concernent des aspects administratifs ou ayant trait aux procédures et, dans une certaine mesure, aux infrastructures, plus que des aspects à proprement parler institutionnels.

S'agissant de ces derniers, les progrès ont été beaucoup plus limités. C'est ce qu'illustrent, par exemple, les indicateurs de perception de la gouvernance (*World Governance Indicators*), également publiés par la Banque mondiale. À l'aune de ces indicateurs, la Russie se positionne significativement moins bien que les autres BRICs, par exemple, sur la plus grande partie des indicateurs de gouvernance, y compris sur les indicateurs « État de droit » et « contrôle de la corruption » (même si ce dernier s'est légèrement amélioré au cours des quatre dernières années).

Ces problèmes de gouvernance et de faiblesse institutionnelle constituent un obstacle fort à l'augmentation de l'investissement et brident le développement de nouveaux secteurs. Concrètement, par exemple, la perception d'une déficience de l'État de droit se nourrit du risque d'expropriation par l'État, qui s'est matérialisé plusieurs fois et parfois sur des grandes entreprises très visibles, comme Yukos en 2003 ou Bashneft en 2014. Un tel risque, qui précarise le droit de propriété, constitue clairement un obstacle à l'initiative entrepreneuriale et à l'accumulation de capital. S'ajoute à cela le manque d'indépendance perçu du système judiciaire, qui nourrit davantage le sentiment d'arbitraire. En outre, ces problèmes institutionnels renforcent les problèmes d'allocation des ressources.

Ainsi, même en supposant que la politique économique s'éloigne du cadre strictement orthodoxe et adopte un caractère plus proactif avec une vraie politique industrielle, les imperfections du cadre institutionnel obéreraient fortement les chances de succès d'une telle stratégie, le risque de mauvaise allocation des ressources étant élevé. La mise en œuvre de réformes institutionnelles apparaît ainsi comme la pierre angulaire de l'augmentation de la croissance potentielle russe.

En quête d'incitations

Le problème, toutefois, est qu'il est beaucoup plus facile de parler de la réforme institutionnelle que de la mettre en œuvre. On bute rapidement, en effet, sur la question des incitations. L'ensemble de ceux qui bénéficient du système et, directement ou indirectement, de la rente ont intérêt à sa pérennité, notamment une partie de l'élite politique et économique. D'où pourraient donc venir ces nécessaires incitations ? Trois sources sont envisageables.

L'incitation pourrait venir du pouvoir. La plupart des analystes politiques considèrent que, s'il se représentait pour un quatrième mandat, Vladimir Poutine serait probablement élu. Après déjà trois mandats de président et un mandat de Premier ministre, peut-être la volonté de laisser dans l'histoire la trace d'un président qui a réussi à remettre le système économique sur les rails peut-elle nourrir les incitations à réformer plus en profondeur ? L'incitation pourrait être politique et venir de la base, dans le cas où les manifestations de frustration de la population parviendraient à pousser l'exécutif à l'action. L'incitation, enfin, pourrait être alimentée par l'inconfort économique provenant de prix du pétrole durablement modérés, qui limiteraient progressivement la possibilité de se reposer sur la rente. Étant donné la coordination actuelle des producteurs de pétrole, une telle situation paraît cependant assez peu probable à court terme. Quel que soit l'angle sous lequel on l'envisage, la voie des réformes russes paraît bien étroite.

Repères bibliographiques

DJANKOV S. [2015], « Russia's economy under Putin : from crony capitalism to state capitalism », Peterson Institute for International Economics, *Policy Brief*, n° PB15-18, septembre.

FREEDOM HOUSE [2016], « Silencing the messenger : communication apps under pressure », *Freedom on the Net*, novembre. https://freedomhouse.org/sites/default/files/FOTN_2016_Full_Report.pdf.

GURIEV S. [2010], « How to reform the Russian economy », *Centre for European Reform Policy Brief*, 1er juillet. http://www.cer.eu/publications/archive/policy-brief/2010/how-reform-russian-economy.

GURVICH E. et KUDRIN A. [2015], « A new growth model for the Russian economy », BOFIT, *BOFIT Policy Brief*, n° 1. http://www.eeg.ru/files/lib/Kudrin-Gurvich%20(BOFIT-2015).pdf.

Base de données sur l'économie mondiale

Retrouvez les définitions des indicateurs présentés, des précisions sur les sources utilisées et la composition des zones retenues sur le site du CEPII à l'adresse suivante :

www.cepii.fr/CEPII/fr/publications/economie_mondiale.asp

TABLEAU I. LES GRANDES ZONES DE L'ÉCONOMIE MONDIALE

	PIB courant en milliards de dollars	PIB_{PPA} en milliards de dollars (base 2011)	Population en millions d'habitants	PIB_{PPA} par habitant en dollars (base 2011)	Croissance annuelle moyenne (en %) PIB_{PPA}		Croissance annuelle moyenne (en %) 2016/2006		Croissance du PIB_{PPA} (en %) (p : prévisions)		
	2016	2016	2016	2016	2007/2000	2016/2007	PIB_{PPA}	Pop.	2016	2017p	2018p
Monde	**75 442**	**111 509**	**7 432**	**15 005**	**4,3**	**3,1**	**3,3**	**1,2**	**3,0**	**3,4**	**3,6**
Amérique du Nord	21 250	21 051	493	42 743	2,4	1,3	1,4	1,0	1,7	2,2	2,4
Amérique du Sud	4 230	6 853	508	13 488	4,0	2,0	2,5	1,1	– 2,1	1,0	2,1
Union européenne à 28	16 404	18 555	512	36 220	2,4	0,6	0,9	0,3	2,0	2,0	1,8
Autres Europe	2 033	2 919	110	26 435	4,1	3,3	3,4	1,0	2,4	2,2	2,9
CEI*	1 745	4 994	289	17 306	7,3	1,4	2,1	0,4	0,3	1,7	2,0
Afrique du Nord et Moyen-Orient	3 049	7 531	431	17 461	5,1	3,1	3,4	2,0	3,9	2,0	3,2
Afrique subsaharienne	1 522	3 561	1 026	3 470	6,3	4,2	4,5	2,7	1,4	2,7	3,5
Japon	4 940	4 856	127	38 373	1,3	0,4	0,5	– 0,1	1,0	1,2	0,6
Chine	11 000	19 857	1 378	14 411	10,8	8,4	9,0	0,5	6,7	6,6	6,2
Autres Asie du Nord et du Sud-Est	4 722	9 768	666	14 672	5,2	4,1	4,4	1,1	3,9	4,0	4,2
Australie et N.-Zélande	1 460	1 286	29	44 434	3,6	2,5	2,6	1,5	2,6	3,1	3,0
Asie du Sud et Pacifique	3 087	10 278	1 863	5 517	6,8	6,4	6,5	1,4	6,3	6,7	7,2

* Communauté des États indépendants.

Source : CEPII, base de données Chelem-PIB.

TABLEAU II. LES PRINCIPAUX PAYS DU MONDE : PIB$_{PPA}$ (BASE 2011) SUPÉRIEUR À 250 MILLIARDS DE DOLLARS EN 2016

	PIB courant en milliards de dollars	PIB$_{PPA}$ en milliards de dollars (base 2011)	Population en millions d'habitants	PIB$_{PPA}$ par hab. en dollars (base 2011)	Croissance annuelle en termes réels moyenne 2016/2006		Croissance annuelle en termes réels 2016	FBCF (en % du PIB)	Export. de biens et serv. (en % du PIB)	Solde courant (en % du PIB)	Consom. d'énergie par hab. (kg éq. pétr.)	Indice de dévelop-pement humain
	2016	2016	2016	2016	PIB	PIB/hab.	PIB	2016*	2016*	2016	2015*	2015
AMÉRIQUE DU NORD												
Canada	1 530	1 560	36	43 059	1,5	0,5	1,5	23	31	– 3,3	7 600	0,920
États-Unis	18 569	17 214	324	53 121	1,3	0,5	1,6	*20*	*13*	– 2,6	6 801	0,920
Mexique	1 043	2 144	129	16 667	2,1	0,7	2,3	23	38	– 2,7	1 488	0,762
AMÉRIQUE DU SUD												
Argentine	544	815	44	18 565	2,1	1,1	– 2,3	15	13	– 2,6	*2 015*	0,827
Brésil	1 796	2 910	209	13 894	2,0	1,0	– 3,6	16	12	– 1,3	*1 485*	0,754
Chili	247	407	18	22 420	3,4	2,3	1,6	23	28	– 1,4	2 029	0,847
Colombie	282	639	49	13 063	4,1	3,0	2,0	25	14	– 4,4	*712*	0,727
Cuba	91	250	11	21 920	3,3	3,2	4,3	*9*	*17*		*1 023*	0,775
Pérou	192	384	32	12 008	5,5	4,1	3,9	22	22	– 2,8	*768*	0,740
Venezuela	468	396	32	12 502	– 1,1	– 2,5	– 18,0	*22*	*25*	– 2,4	*2 268*	0,767
UNION EUROPÉENNE À 28												
Allemagne	3 467	3 691	82	44 760	1,2	1,2	1,9	20	46	8,5	3 818	0,926
Autriche	386	387	9	44 865	1,0	0,6	1,5	23	52	2,4	3 804	0,893
Belgique	466	472	11	41 203	1,1	0,2	1,2	23	84	1,0	4 688	0,896
Danemark	306	254	6	44 563	0,4	0,0	1,3	20	53	8,1	2 817	0,925
Espagne	1 232	1 564	46	33 800	0,3	– 0,1	3,2	20	33	2,0	2 571	0,884
France	2 465	2 536	67	37 958	0,8	0,3	1,2	22	29	– 1,1	3 688	0,897
Grèce	195	268	11	24 794	– 2,7	– 2,4	0,0	11	30	– 0,6	2 182	0,866
Hongrie	124	250	10	25 493	0,6	0,9	2,0	18	93	4,3	2 433	0,836
Irlande	294	301	5	64 439	3,4	2,4	5,2	29	120	4,7	2 835	0,923
Italie	1 850	2 071	62	33 568	– 0,6	– 1,2	0,9	17	30	2,7	2 482	0,887

Union européenne à 28 (suite)												
Pays-Bas	777	809	17	47 603	0,9	0,5	2,2	20	81	9,6	4 233	0,924
Pologne	470	975	38	25 679	3,5	3,6	2,7	18	52	– 0,3	2 490	0,855
Portugal	205	277	10	26 580	– 0,2	– 0,1	1,4	15	40	0,8	2 132	0,843
Rép. tchèque	193	325	11	30 783	1,6	1,3	2,4	25	80	1,1	3 860	0,878
Roumanie	186	409	20	20 646	2,4	3,0	4,8	23	41	– 2,4	*1 592*	0,802
Royaume-Uni	2 619	2 583	65	39 444	1,1	0,4	1,8	17	28	– 4,4	2 764	0,909
Suède	511	461	10	46 281	1,7	0,7	3,2	24	44	4,7	5 103	0,913
Autres Europe												
Norvège	371	338	5	64 488	1,2	0,0	1,1	24	34	4,6	5 818	0,949
Suisse	660	459	8	54 709	1,6	0,4	1,3	*24*	*63*	12,0	2 960	0,939
Turquie	858	1 851	78	23 858	4,7	3,5	2,9	30	22	– 3,8	1 657	0,767
CEI (Communauté des États indépendants)												
Kazakhstan	134	417	18	23 422	4,5	2,9	1,1	23	33	– 6,1	*4 434*	0,794
Russie	1 283	3 520	144	24 478	1,6	1,6	– 0,2	21	26	1,7	*4 943*	0,804
Ukraine	93	327	45	7 236	– 1,1	– 0,8	2,3	15	49	– 3,6	*2 334*	0,743
Afrique du Nord et Moyen-Orient												
Algérie	161	570	40	14 091	3,2	1,3	4,2	42	24	– 16,4	*1 321*	0,745
Arabie Saoudite	640	1 624	32	50 530	5,1	2,7	2,4	26	31	– 3,9	*6 937*	0,847
Égypte	331	1 004	93	10 775	4,1	2,0	4,3	14	10	– 5,6	*815*	0,691
Émirats ar. unis	371	618	10	64 214	2,9	– 3,3	2,7	24	104	2,4	*7 769*	0,840
Irak	167	594	37	16 223	6,0	3,1	10,1	25	33	– 7,3	*1 413*	0,649
Iran	380	1 314	80	16 400	2,2	1,0	6,5	*23*	*20*	6,3	*3 023*	0,774
Israël	319	278	9	32 581	3,7	1,8	3,7	20	30	3,6	2 778	0,899
Koweït	110	280	4	70 509	2,0	– 3,0	2,5	*18*	*54*	2,7	*8 957*	0,800
Maroc	104	261	35	7 553	3,9	2,6	1,5	30	35	– 3,9	*553*	0,647
Qatar	157	306	3	122 125	9,8	0,0	2,7	*33*	47	– 2,2	*18 563*	0,856

	PIB courant en milliards de dollars	PIB$_{PPA}$ en milliards de dollars (base 2011)	Population en millions d'habitants	PIB$_{PPA}$ par hab. en dollars (base 2011)	Croissance annuelle en termes réels			FBCF	Export. de biens et serv.	Solde courant	Consom. d'énergie par hab. (kg éq. pétr.)	Indice de développement humain
					moyenne 2016/2006		2016	en % du PIB				
	2016	2016	2016	2016	PIB	PIB/hab.	PIB	2016*	2016*	2016	2015*	2015
AFRIQUE SUBSAHARIENNE												
Afrique du Sud	293	683	56	12 229	2,1	0,5	0,3	20	30	– 3,3	*2 715*	0,666
Nigeria	400	999	187	5 330	5,0	2,2	– 1,5	*15*	*11*	0,6	*763*	0,527
JAPON	4 940	4 856	127	38 373	0,5	0,6	1,0	*23*	*18*	3,9	3 429	0,903
CHINE	11 000	19 857	1 378	14 411	9,0	8,4	6,7	*44*	20	1,8	*2 237*	0,738
AUTRES ASIE DU NORD ET DU SUD-EST												
Corée du Sud	1 406	1 790	51	35 207	3,3	2,8	2,8	30	42	7,0	5 413	0,901
Hong Kong	320	398	7	54 313	2,9	2,2	1,9	22	187	5,1	*1 967*	0,917
Indonésie	933	2 809	261	10 756	5,6	4,2	5,0	33	19	– 1,8	*884*	0,689
Malaisie	296	800	31	25 978	4,7	3,1	4,2	26	67	2,0	*2 968*	0,789
Philippines	305	746	103	7 237	5,6	3,9	6,8	25	28	0,2	*476*	0,682
Singapour	293	453	6	81 077	4,6	2,2	2,0	25	172	19,0	*5 122*	0,925
Taïwan	529	1 050	23	44 701	3,0	2,7	1,4	21	46	13,6	*4897*	
Thaïlande	403	1 077	68	15 822	3,1	2,8	3,2	24	69	11,4	*1 970*	0,740
Vietnam	204	552	93	5 959	6,0	4,9	6,2	24	94	4,7	*668*	0,683
AUSTRALIE	1 275	1 120	24	46 092	2,6	1,0	2,4	25	19	– 2,6	5 490	0,939
ASIE DU SUD ET PACIFIQUE												
Bangladesh	215	562	162	3 463	6,2	5,0	6,9	30	17	0,9	*222*	0,579
Inde	2 257	7 820	1 330	5 882	7,2	5,7	6,8	27	19	– 0,9	*637*	0,624
Myanmar	70	299	54	5 511	8,5	7,7	6,3		16	– 6,5	*372*	0,556
Pakistan	284	939	191	4 908	3,6	1,5	4,7	14	9	– 1,1	*484*	0,550

* Année antérieure en italique.

Sources : CEPII, base de données Chelem-PIB ; Banque mondiale, *World Development Indicators*, juillet 2017 ; FMI, *World Economic Outlook*, avril 2017 ; PNUD, *Rapport sur le développement humain*, 2016 ; Taïwan, sources nationales.

TABLEAU III. MATRICE DES ÉCHANGES TOUS PRODUITS EN 2005 (SURLIGNÉ) ET 2015

(en % du commerce mondial* : 9 911 milliards de dollars en 2005, 15 261 milliards de dollars en 2015)

Zones importatrices / Zones exportatrices	Amér. du Nord	Amér. du Sud	UE-28	Autres Europe	CEI	Afrique et M.-O.	Japon	Chine	Autres Asie NE-SE	Autres Asie Océanie	Monde*
Amérique du Nord	7,6	0,8	2,1	0,2	0,1	0,5	0,7	0,5	1,0	0,3	13,7
	6,7	1,1	2,0	0,3	0,1	0,6	0,5	0,9	1,1	0,4	13,5
Amérique du Sud	1,4	1,0	0,7	0,0	0,1	0,2	0,1	0,2	0,1	0,1	4,0
	0,9	0,9	0,5	0,1	0,1	0,2	0,1	0,6	0,2	0,2	3,7
Union européenne à 28	3,8	0,6	26,7	2,3	1,0	2,2	0,6	0,6	1,2	0,7	39,7
	3,2	0,6	21,1	2,2	0,8	2,3	0,4	1,3	1,3	0,7	33,9
Autres Europe	0,3	0,0	2,2	0,1	0,1	0,2	0,1	0,0	0,1	0,0	3,2
	0,3	0,1	1,9	0,1	0,1	0,4	0,1	0,2	0,3	0,2	3,7
CEI	0,2	0,1	1,8	0,2	0,7	0,2	0,1	0,2	0,1	0,1	3,6
	0,1	0,0	1,4	0,2	0,6	0,2	0,1	0,4	0,2	0,1	3,3
Afrique, Proche et Moyen-Orient	1,4	0,2	1,9	0,2	0,0	0,8	0,9	0,5	1,2	0,4	7,6
	0,6	0,2	1,4	0,2	0,1	1,3	0,4	1,0	1,2	0,9	7,2
Japon	1,5	0,2	0,9	0,1	0,1	0,2	0,0	1,0	1,8	0,2	6,0
	0,9	0,1	0,4	0,0	0,0	0,2	0,0	0,8	1,2	0,2	4,1
Chine	2,7	0,2	2,0	0,1	0,2	0,5	1,0	0,0	1,3	0,4	8,5
	3,7	0,8	2,5	0,3	0,5	1,5	1,0	0,0	2,7	1,2	14,3
Autres Asie du Nord et du Sud-Est	1,9	0,2	1,5	0,1	0,1	0,5	1,1	2,0	2,8	0,7	10,9
	1,9	0,3	1,3	0,2	0,1	0,7	0,9	2,9	3,1	1,0	12,4
Asie du Sud et Océanie	0,4	0,1	0,5	0,0	0,0	0,4	0,3	0,3	0,5	0,4	2,8
	0,5	0,1	0,6	0,1	0,0	0,6	0,3	0,6	0,6	0,4	3,8
Monde*	21,3	3,3	40,3	3,3	2,3	5,6	4,8	5,4	10,3	3,3	100,0
	18,9	4,2	33,1	3,7	2,3	8,1	3,8	8,6	12,0	5,2	100,0

* Non compris les flux non ventilés géographiquement.

Lecture : les exportations de l'UE à 28 vers l'Amérique du Nord représentaient 3,8 % des exportations mondiales en 2005 et 3,2 % en 2015.

Source : CEPII, base de données Chelem-Commerce international.

TABLEAU IV. MATRICE DES ÉCHANGES DE PRODUITS MANUFACTURÉS EN 2005 (SURLIGNÉ) ET 2015

(en % du commerce mondial* : 7 129 milliards de dollars en 2005, 10 792 milliards de dollars en 2015)

Zones importatrices / Zones exportatrices	Amér. du Nord	Amér. du Sud	UE-28	Autres Europe	CEI	Afrique et M.-O.	Japon	Chine	Autres Asie NE-SE	Autres Asie Océanie	Monde*
Amérique du Nord	7,7	0,9	2,4	0,1	0,1	0,5	0,6	0,6	1,2	0,4	14,4
	6,8	0,9	1,9	0,2	0,1	0,6	0,4	0,8	0,9	0,3	12,7
Amérique du Sud	0,8	0,7	0,4	0,0	0,0	0,1	0,0	0,1	0,1	0,0	2,2
	0,5	0,7	0,2	0,0	0,0	0,1	0,0	0,2	0,1	0,0	1,7
Union européenne à 28	4,3	0,7	29,3	2,5	1,2	2,4	0,7	0,8	1,5	0,8	44,2
	4,0	0,8	23,3	2,3	1,0	2,4	0,5	1,5	1,5	0,7	37,9
Autres Europe	0,3	0,0	1,8	0,1	0,1	0,2	0,1	0,0	0,1	0,1	2,9
	0,4	0,1	1,7	0,1	0,1	0,4	0,1	0,1	0,2	0,1	3,1
CEI	0,1	0,0	0,4	0,1	0,4	0,1	0,0	0,1	0,1	0,1	1,6
	0,1	0,0	0,3	0,1	0,4	0,1	0,0	0,1	0,1	0,1	1,3
Afrique, Proche et Moyen-Orient	0,2	0,0	0,6	0,0	0,0	0,4	0,1	0,1	0,1	0,1	1,8
	0,3	0,1	0,6	0,1	0,0	0,6	0,1	0,3	0,2	0,2	2,3
Japon	2,0	0,2	1,2	0,1	0,1	0,3	0,0	1,2	2,3	0,3	7,8
	1,3	0,1	0,6	0,1	0,1	0,3	0,0	1,1	1,4	0,3	5,2
Chine	3,6	0,3	2,6	0,2	0,3	0,6	1,3	0,0	1,5	0,6	11,0
	5,1	1,1	3,5	0,4	0,6	2,1	1,3	0,0	3,5	1,6	19,2
Autres Asie du Nord et du Sud-Est	2,5	0,3	1,9	0,1	0,1	0,5	1,0	2,5	2,9	0,6	12,5
	2,5	0,4	1,6	0,2	0,1	0,8	0,9	3,5	3,2	0,9	14,1
Asie du Sud et Océanie	0,4	0,0	0,5	0,0	0,0	0,2	0,1	0,1	0,2	0,2	1,8
	0,5	0,1	0,6	0,1	0,0	0,4	0,1	0,2	0,3	0,3	2,4
Monde*	22,0	3,2	41,1	3,3	2,4	5,4	3,8	5,6	10,1	3,1	100,0
	21,3	4,2	34,3	3,4	2,4	7,7	3,3	7,6	11,2	4,5	100,0

* Non compris les flux non ventilés géographiquement.

Source : CEPII, base de données Chelem-Commerce international.

Table des matières

Composition CEPII, Paris.
Achevé d'imprimer en août 2017 sur les presses de
La Nouvelle Imprimerie Laballery à Clamecy (Nièvre).
Dépôt légal : septembre 2017
N° de dossier : 708098

Imprimé en France